香りの心理分析 アロマアナリーゼ

今日からあなたも精油の翻訳家

Aroma Analyze

アロマセラピスト
藤原綾子
Ayako Fujiwara

BAB JAPAN

はじめに

〝香りの心理分析＝アロマアナリーゼ〟は、精油の芳香作用と心理学を組み合わせた、〝香りを使った心理分析法〟です。

精油を使ったことがある人なら、香りには心を緩める作用があることを感じているでしょう。それは、本にあるような薬理作用や心理作用を超えた、自分だけの記憶や感情にアプローチしてくるというような、不思議な感覚ではないでしょうか？　そのような不思議な体験を感覚的な表現だけでなく、言葉を使い理論的に説明できたら、精油が何を伝えようとしているのかがもっと分かると思いませんか？　その感覚を言語化し、分析をするのが香りの心理分析＝アロマアナリーゼです。それはまるで〝精油の翻訳家〟のようです。

精油の翻訳家になると、これまで学んで来た精油の知識や理解がすべてつながり、点が線になり、線が面になり、精油というものが立体的に捉えられるようになります。そして、精油やクライアントと〝分かり合える〟という実感や感動が得られます。

と、ここまで書いてみて、「こういう説明で良いかしら？」と、アロマアナリーゼを学んだセラピストに聞いてみたところ、彼女はしばらく目を閉じて考え込みました。そして、「それは間違いないと思います。アロマアナリーゼを知ることで、自分が学んできた精油の知識が間違っていなかったと分かるし、精油がもっと身近になります。〝アロマセラピー〟というものに自信が持てるし、相手の声をカウンセリングのように聞き、コーチングのように質問ができるようになります。そして香りのイメージングにより、クライアントの〝本当はこうなりたい。こうして生きていきたい！〟という心の奥の願望が見えてきます。私はこの、〝クライアントが描く香りの世界を一緒に見られる〟ことが素晴らしいと思うんです。精油からイメージしたその世界を、希望する未来を共に見て、一緒に心を動かせる。私もあなたの香りの世界が見えたから、その結果を信じてるよ、その未来を信じてるよ！　と、心から伝えられることが、とても嬉しくて幸せなんです」と、答えてくれました。

アロマアナリーゼは「信じる」ことを伝えるメソッドでもあります。精油が持つ力、精油の言葉、そしてクライアントの可能性、未来がいつでも明るいことを信じる。もしもあなたがアロマセラピストとして、クライアントの未来や幸せ、喜びとより深く関わっていきたいと感じているなら、本書を最初から最後までじっくり読んでみてください。読み終わった後、自分の仕事と自分自身をさらに信じられるようになるはずです。

今日からあなたも、〝精油の翻訳家〟になってください。

私も、あなたの明るい未来を信じています。

藤原綾子

目次

第三章

セルフ＆クライアントに実践！香りの心理分析〜アロマアナリーゼ〜

第四章 人が集まるサロンになるために あなたは、「誰」にセラピーを届けたいですか？

香りの心理分析＝アロマアナリーゼは、こんなセラピストに向いています。

1 知識に自信が持てない…

スクールなどに通って精油を学び、資格も取得しているのに、
クライアントに精油やセラピーを提供する自信が持てない。

2 自分らしいセラピーが分からない

習った通り、マニュアル通りのアロマセラピーしか
行えない。“自分らしさ”が分からない。

3 もっと精油を知りたい、深めたい

成分や薬理作用だけでなく、精油が持つメッセージを知り、
体感したい。精油を立体的に捉えられるようになりたい。

4 信頼関係って何？ 集客が苦手…

クライアントと信頼関係が結べないと感じる。
どう集客したらよいか方法が分からない。

Welcome to
Aroma Analize World

第一章

精油の翻訳家

「香りの心理分析（アロマアナリーゼ）」とは？

アロマセラピーは、〝人生を変える〟

私は、〝アロマセラピーは人生を変える〟と思っています。まずは、私とアロマセラピーの出合いから紹介させてください。

今から13年前まで、私は一般企業の会社員をしていました。〝誰かに認められること〟だけを求めて、常に自分以上の実力を課していたＯＬ時代。おかげで、私は望み通り上司にも同僚にも認められ、部下にも頼られる存在となりました。しかしそれは、私にとっては決してありがたいことではなく、自分で自分を苦しめていただけでした。ただし、それに気づくのはずっと後のことです。

ＯＬ時代、組織に必要だと新たな職種を会社に提案し、自らが第一号として責任者になりました。若い後輩たちを指導しながら同僚やお客さまとの打ち合わせ、日常業務など忙しくも充実した毎日。後輩たちの規範になるように、同僚から信頼されるように、昼も夜も仕事をしました。家に仕事を持ち帰り、パソコンを開いたまま寝落ちする日々。私はそれをやりがいだと思っていました。そしてそれが私の、〝存在価値〟をつくっていると信じていました。

そんなある日、通勤電車の中でめまいに襲われ、目の前が真っ暗になり慌てて電車から降りる出来事が起こりました。目の前が見えないままベンチを探し、倒れこむように座ってこの状態から回復することを待っていると、なぜか悲しくなり涙が溢れてきたのです。駅のホームでうずくまり、泣いている女…。カッコ悪い、変な人だと思われている。頭ではそう考えても、涙が止まりません。少し落ち着いてから会社に向かいますが、その途中でも気分が悪くなって、何度も電車を降りました。「これはおかしい」と、病院に行きました。

その時に診断された病名が、「メニエル氏症候群」でした。「ストレスが原因で自律神経のバランスが取れなくなっています。特効薬はありません。めまいや耳鳴りを起こさないために、ストレスのない生活を心がけてください」。医師に言われたのはこれだけでした。

「ストレス…?こんなにやりがいのある仕事を与えられ、自分の采配でできることがたくさんあるのに、ストレスなんてあるはずがないじゃない!」。私はそう思い、何かの間違いだといくつもの病院を訪ねましたが、診断はすべて同じでした。それでも、「ストレスに負けるなんて、まるで弱い人間みたいじゃない。私はもっと強いはず」と、その診断を真に受けず処方薬を信じて、生活や見方を変えることもせず、薬を飲みながら回復することを願っていました。

得体の知れないこの〝厄介ごと〟を早く解決して、今まで通り〝誰かが認めてくれる、信頼される私〟にならなければいけなかったからです。

しかし医師の言う通り、特効薬はありません。状態は変わらないどころかどんどん悪化し、朝起きられない、会社に行けない、夕方になるとボーっとする状態になっていきました。「とにかく早く治したい」と、整体、気功、カイロプラクティック、レイキヒーリング、瞑想…など、ありとあらゆる手段を試した末、アロマセラピーに出合いました。

あなたはもっと自由に〝あなた〟を生きていい

たまたま百貨店の棚に並んだ精油を見かけ、「そういえば、アロマはストレスに良いと聞いたことがあるな」という程度の認識でしたが、さまざまな香りがある中「ベルガモット」を手にしました。香りを嗅いだその瞬間、香りが自分の中にふわっと広がり、〝何かが許された〟という不思議な感覚に陥りました。そして突然、「私は一体、今まで何を頑張ってきたんだろう」と、目が覚めたのです。そして、「あれ？　メニエルってもしかしたら〝少し休みなさい〟っていう、神さまからのお達しなのかも…」と思えたのです。さらにそれだけではなく、「この仕事は私に合っていないんだ。辞めよう！」と、180度違う考えが頭をよぎりました。早くまともに働けるようになりたい、仕事に戻りたいと頑張っていた私に、まったく逆の〝辞める〟という選択肢が生まれたのです。これまで一度も考えたことはありませんでした。そして、その考えを自覚した途端、心が明るくなったのです。

それから仕事を辞めるまでの行動は早かったです。後にベルガモットには、〝完璧主義から解放する〟〝手離して手に入れる〟というメッセージがあることを知りました。精油が私に、無言のメッセージを送ってくれたのだと思います。

これは私の人生が、１８０度変わった瞬間です。自分の中に眠っていた〝本音〟あるいは〝潜在意識〟との衝撃的な出合いに驚きつつも、自覚できたことは喜びでした。では、何のために〝本音〟を隠して、気づかないふりをして生きてきたのでしょうか？　それは間違いなく、過剰に他人の目や評価を気にしていたからです。つまり、〝私ではない私を演じ続けていた〟ということ。そんな自分に気づき、これまでを振り返った時、私ではない誰かとして生き続けていた自分が急に可哀想に思えてきました。

「私は私で良い」。この想いが、私がアロマセラピーをする上での原体験となっています。

誰もが、〝自分ではない誰か〟になる必要なんてない。あなたはあなたである理由がある。そして、それをあなた自身が選択しなければ、〝あなたの人生〟を歩くことはできない。魅力を引き出せるのはあなたであり、あなたにしか知り得ない〝生きる目的〟がある。それを消さないで欲しい。あなたはもっと自由に〝あなた〟を生きていい。

アロマセラピーでメニエル氏症候群が完治したかというと難しいところですが、それ以来、めまい症状は激減しました。ただし今でも時々、前兆である耳鳴りが起こることはあります。そんな時は、「自分が自分ではない誰かになろうとしてないか？　自分を見失ってないか？」と、見直すきっかけにして、その状態に合った精油を使いセルフケアを行っています。すると、それ以上の不快症状が出ることはなくなります。

アロマセラピーは、〝あなた〟の輝きを思い出させてくれる素晴らしいツールです。〝アロマセラピーで人生が変わる〟と冒頭に書きましたが、本当は人生が変わるわけではなくて、〝元の自分に戻る〟だけなのかもしれません。誰かのために生きようと無理をして演じていた生き方を、〝自分の人生〟としてもう一度歩くために、植物が助けてくれるのです。

私は、「ベルガモット」という精油でそんな体験をしましたが、私のスクールでアロマセラピーを学ぶ受講生から、「そんな体験は私にはまだありません。アロマセラピーで、そんなことが本当に起きるのでしょうか？」と聞かれることがあります。これは、〝精油が何かを伝えてくるなんてことが、本当にあるのでしょうか？〟ということです。それを体験してもらうために、〝香りの心理分析＝アロマアナリーゼ〟があります。

精油には香りだけでなく、植物としての歴史や学名の由来、薬理作用、心理作用、神話などさまざまな情報があります。これらの情報を細かく読み解くことで、精油が持つひとつひとつの深いメッセージを知ることができます。そのメッセージを受け取ることで、アロマセラピーの効果をさらに何倍にもすることができると信じています。

また、アロマアナリーゼを学ぶことは、〝アロマセラピーを心理分析として使える〟ようになるだけでなく、実は、〝あなたがあなたであること〟は一体どういうことかを思い出させてくれるプロセスにもなっています。

アロマアナリーゼは、アロマ（精油）のアナライズ（分析）です。この手法には、心理学や認知行動療法、行動学などが深く関わっています。次頁からは、「香りの心理分析＝アロマアナリーゼとは何か？」を詳しくお伝えします。

精油のプロフィール❶

ベルガモット
〜Bergamot〜

学名 ▷ *Citrus bergamia*
科名 ▷ ミカン科
抽出部位 ▷ 果皮
抽出方法 ▷ 圧搾
注目ポイント ▷ 果実の成長。時と共に成果が得られる。
メッセージ ▷「完璧主義から解放する」「手放して手に入れる」

本当は「こうなりたい！」が分かるセッション

香りの心理分析＝アロマアナリーゼは、私、藤原綾子が考案した〝香りを使った心理分析法〟です。セッションはクライアントに大体12〜15本の中から3本、好きな精油を選んでもらうことからスタートします。次に、選んだ精油に対して、「その香りのイメージの色は何色ですか？」「男性ですか？　女性ですか？」「その香りのイメージの人物に会ってみたいですか？」というような、香りのイメージを人物や景色に広げていくための質問をいくつか行います。そして、クライアントから出た3本の香りのイメージをセラピストが分析し、ぴったりな精油のメッセージをお伝えする、というシンプルな手法です。私はセッションの最後に、クライアントが選んだ精油をブレンドして香水にしてお渡ししています。

潜在意識にアプローチする手法なので、セッションでは、クライアントが本当は望んでいる在り方や願望、「こうなりたい」という本音の部分がみえてきます。精油さえあればどこでも誰にでも可能な手法で、自分自身にも行えます。２０１2年に確立し、今までに約３０００名以上の方がセッションを受け、日本だけでなく海外にまで広がってきました。

この手法が確立するまでには、私と心理学との出合いや実体験が大きく関わっています。

必要な精油は〝脳〟が知っている

私が心理学と初めて出合ったのは、小学六年生の時に読んだ宮城音弥（みやぎおとや）の『心理学入門』（岩波新書）でした。「私たちには心があるから悩み、喜び、頑張るんだ」ということをその本で知り、目に見えない〝心〟の世界に一気に惹かれていきました。それから約10年後、心理学を学びたいという理由で、早稲田大学人間健康科学部で行動療法を専攻します。

「臨床心理学」と一口に言っても、さまざまな考え方があることを学び、その中でも「認知行動療法」という分野に興味を持ちました。多くの臨床心理学は、現在の症状を解決する方法として過去を振り返り、原因を過去に探すことから始めま

す。一方、認知行動療法は、乱暴な言い方をすれば、〝過去に関係なく、現在の不調や問題にだけフォーカスをして、現在の行動を変えることで心理状態を改善していく〟という手法です。アプローチ法が逆方向なのです。過去に深い傷があって、振り返ることすらつらい、思い出すこともできないような場合や、深い傷でなくても、心に傷がある人には受け入れられやすい方法なのではないかと感じました。

さらに私は、人間が持つ〝セルフエフィカシー（自己効力感）〟という能力にも興味を持ちました。セルフエフィカシーとは、「自分がある行動を上手に行える」という自信そのものです。セルフエフィカシーが高ければ高いほど、物事に対してやる気や行動を起こ

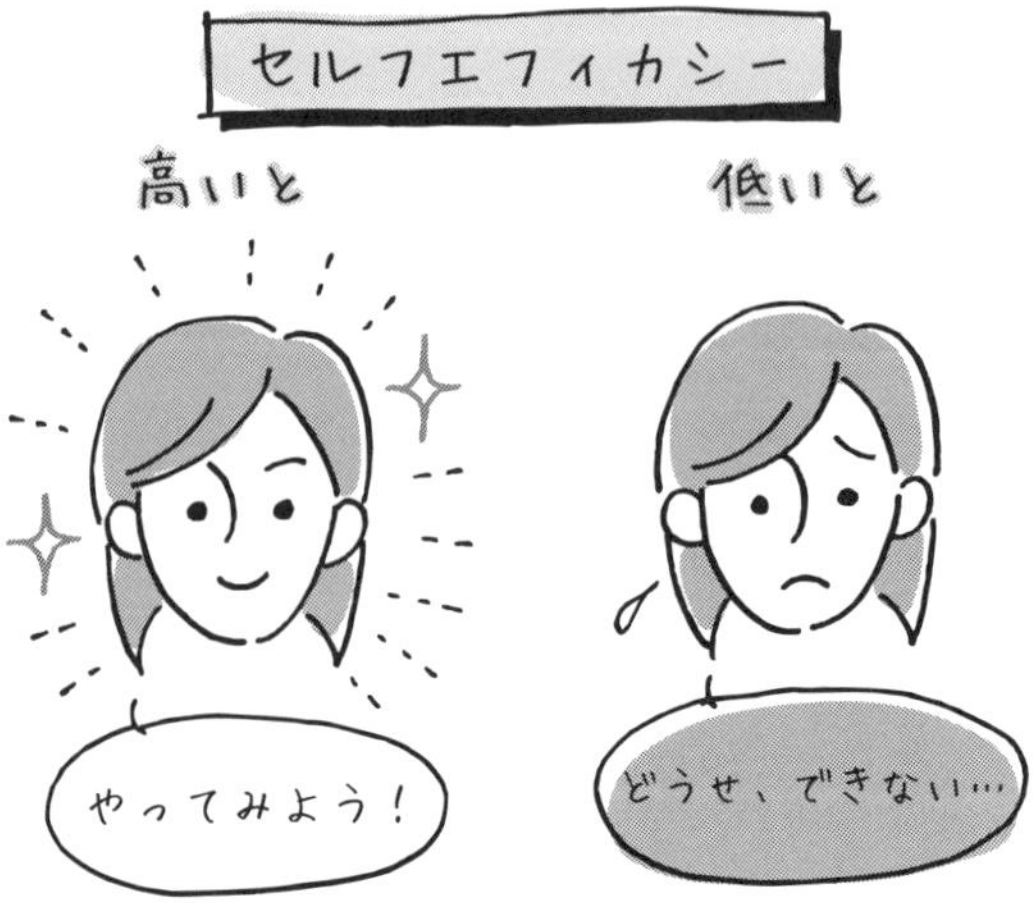

しやすくなり、前向きに努力するようになります。そして、自分の行動や思考の先がある程度分かるようになり、コントロールできるようになります。このセルフエフィカシーは、成功体験やイメージトレーニングなどを積むことで向上するといわれる、誰もが持つ能力です。

このような心理学を学び、ＯＬ時代は二足のワラジとして、夜間のカウンセラー業務についていた時期があります。机上の学びだけでなく、「生きることに疲れ、先を見ることに希望を持てなくなってしまった…」と口にする人たちと実際に話す機会が増えました。しかしそれは、絶望ではなく希望があるからこそ、そのようなことを口にするのだと知り、どうすれば「その希望を信じて良いんだよ」と伝えられるだろう？　と、悩みました。しかし、未熟だった私は言葉だけでは上手く伝えられず、医師でもないので治療や薬を処方することもできませんでした。そのジレンマと無力感から、カウンセラー業務を辞めてしまいました。

そして自分自身がメニエル氏症候群という病気になったことをきっかけに、アロマセラピーと出合いました。詳しくはすでにお伝えしましたが、「これがアロマセラピーの力か…」と感動したのと同時に、「これをもっと伝えたい！」と思ったのです。私がカウンセラーとして関わったクライアントたち、そしてこれから関わるであろう人たちに、会話だけでなく〝香りの包容力で、未来を信じる希望を取り戻してもらいたい〟と強く思いました。

そのような思いでアロマを学びOLを辞めて、アロマセラピーサロン「Ｖｅｒｔ Ｍｅｒ（ヴェール・メール）」を２００６年に開業しました。生きづらさを感じている多くの人たちにサロンに来てもらって、「あなたの未来は明るいよ、希望を持って良いんだよ」と伝えたいと意気揚々と始めましたが……肝心の精油の知識にまったく自信が持てませんでした。

サロンを開業した時には、「ナード・アロマテラピー協会」の認定校の資格もありました。つまり、「インストラクター（講師）として知識は十分ですよ」というお墨付きをもらっていたのです。しかし私自身が、その知識を十分に使えるという自信が持てなかったのです。

精油の成分、薬理作用、禁忌注意事項などを考えれば考えるほど、「クライアントに自覚がないだけで、婦人科系の疾患を持っていたらこの精油は危険かも？」「間違ったらどうしよう、後で何か副作用が起きてしまったら…？」「お客さまの方が精油に詳しいかもしれない」と不安になり、無難な精油しか提案できませんでした。希望や明るい未来なんて、とてもとても伝えられない状態で、精油を一本提案するだけでも息切れするようでした。

「こんな状態で、アロマセラピストと名乗って良いのだろうか？」と、日々悶々としていると、なぜか「プチグレン」の香りに惹かれるようになり、サロンのオープン前に嗅ぐようになっていました。アロマセラピーを勉強していた頃は、プチグレンの青臭い香りがどうしても好きになれなかったのに不思議です。プチグレンの香りが芯まで染み込むような感覚になると、身体が楽になるような気がしました。

ある日私は、耳鳴りが起きていることに気がつきました。メニエル氏症候群の症状のひとつに、耳鳴りがあります。私の場合、耳鳴りはめまいの前兆だという認識があったので、「無理しちゃいけない」と自分に言い聞かせました。しかし、プチグレンを嗅ぐことで、その耳鳴りが消えたのです。調べてみたらプチグレンには自律神経調整作用があり、「自律神経の不調からくる耳鳴りに良い」と書いてありました。

この時、「自分に必要な香りって、本能的に分かっていて、自然に選んでいるんだ。そういえばベルガモットもそうだった。たくさん並んでいた精油のボトルの中から、良い香りだと思ってピックアップしたベルガモットが、私の人生を変えたんだった」と、気づいたのです。

精油のプロフィール❷

プチグレン
〜Petitgrain〜

学名▷*Citrus aurantium*
科名▷ミカン科
抽出部位▷葉と枝
抽出方法▷水蒸気蒸留
注目ポイント▷化学成分である「アンスラニル酸メチル」。強い抗不安作用と誘眠作用。
メッセージ▷「頑張るために休息を」

またある時、サロンに「クラリセージの香りが苦手」と話すクライアントが続きました。その方たちに共通していたことは、子宮筋腫をお持ちだったこと。クラリセージはホルモン様作用のある成分スクラレオールを含みます。他にも、むくみの改善にジュニパーとサイプレスを提案したところ、「ジュニパーは大丈夫だけど、サイプレスは苦手」と話す方のほとんどが、子宮内膜症か子宮筋腫でお悩みでした。クラリセージとサイプレスにはホルモン様作用があるので、子宮筋腫や内膜症がある方にはおすすめできません。この経験から、〝人は自分に必要な精油と不必要な精油を分かっていて、本能的に選んでいる〟と確信しました。

次の章で詳しく説明しますが、〝香り〟は大脳辺縁系の扁桃体で認識されています。そこは、瞬時に快・不快を判断する場所。そして、生きるか死ぬかを判断する場所でもあります。つまり、脳は自分が生きるために必要な香りを、瞬時に選択することができるということです。「私たちが学んだ知識量を遥かに超える判断材料を持って、本能、脳は香りを選んでくれている」。そう思えたら、精油を提案することが怖くなくなりました。

「精油を選ぶのは私ではなく、クライアントの〝本能〟なんだ。それが一番正しい！」。

それからは、クライアントが選んだ精油に対して、禁忌事項や注意事項を確認し、精油の成分にどのような作用があり、身体や心にどう働き掛けるのかを説明をすることが私の仕事なんだと思えるようになりました。

精油が持つメッセージ

〝クライアントに必要な精油は、クライアントの脳、本能が選択してくれる〟ということに気づき、サロンワークの経験を積む中で、選んだ精油の作用や成分がその時のその人の心身の状態に対応しているという確信はさらに強まっていきました。

この頃の私は、「知識としてだけでなく、精油をもっと深めたい、精油ともっと仲良くなりたい」という想いから、精油を多方面から見て学ぶ「精油の臨床ノート作り」という独自の学習を行っていました。このことは次の章で詳しくお話しますが、そのノート作りを行う中で、各精油が持つ〝精油のメッセージ〟を見つけられるようになっていきました。そして、クライアントが選ぶ精油には、この〝精油が持つメッセージ〟も深くリンクしているのではないかと気づいたのです。これは、私がサロンをオープンして3年目のことです。

私が最初に選んだ精油、ベルガモットは、エステル類の酢酸リナリルとモノテルペンアルコール類のリナロールを含んでいます。この2つの成分はリラックスのゴールデンコンビ。酢酸リナリルとリナロールを含む精油は、深いリラックス作用と共に抗不安作用があります。

当時の私は、メニエル氏症候群という症状に悩まされ、不安だらけだったに違いありません。この2つの成分が私には必要だったのです。しかし、酢酸リナリルとリナロールを含む精油は他にも沢山あります。代表的なものに「ラベンダー・アングスティフォリア」「ネロリ」「プチグレン」「クラリセージ」などです。あの時、これらの精油も私は嗅いだはず。それでもベルガモットを選んだのです。

それは、抗不安作用だけでなく、ベルガモットが持っている〝完璧主義から解放する〟〝手放して手に入れる〟というメッセージが私には必要だったからだと思うのです。〝完璧でなければならない、信頼される同僚でなければならない、社会的に役立つ人材でなければならない…という思い込みを捨てなさい〟というメッセージ。ここに私は、さらに人の本能の素晴らしさを感じました。「どんな時でも私たちには最適なものを選ぶ能力がある。それに逆らうから人はつらくなるし、体調を崩す。だったら自分が選んだものを疑うことなく受け入れたほうが、健康で幸せでいられる」と、考えました。

そう思い、クライアントやアロマスクールの受講者たちに、「この精油には、◯◯◯という薬理作用があるので、もしかしたらこういった体調不良があるかもしれません。また、◯◯といったメッセージがあるので、もしかしたら◯◯というアドバイスをくれているかもしれませんね」と、メッセージも併せて伝え始めました。しかし、その内容をそのまま信じる方は50％程度。なぜなら、「たまたま選んだ精油だし、短い時間でしっかり自分自身と向き合ったわけでもない。明日には変わるかもしれない嗜好だし、そこまで信頼できない」というのが大方の意見でした。そこで次に私が考えたことは、〝なぜその香りを選んだのか〟という理由を、クライアント自身の言葉で説明してもらうことでした。

まず、いくつかの形容詞を用意して、「この中で例えるならどの形容詞があてはまりますか？」と質問することにしました。形容詞は、優しい、やわらかい、鋭い、爽やか、重い、軽い、華やか、おとなしい…などです。

形容詞の中から言葉を選んでもらうと、クライアントが選んだ精油に対してどのような印象を抱いているかがすぐに分かります。さらに、選んだ形容詞が表している状態になりたい、近づきたいと感じていると心理的に読み取れます。

ある時、「ラベンダー・アングスティフォリア」を選んだクライアントにこの質問をしてみました。クライアントは香りのイメージを「優しい、やわらかい印象です」と表現しました。そこで私は、「ラベンダー・アングスティフォリアには、リラックス作用があります。香りの印象を、優しい、やわらかいとお話になり、その香りを選んだということは、今は少し自分のペースを失っていて、ゆっくり休みたいと感じているのかもしれませんね。ラベンダー・アングスティフォリアには、〝本来の自分を取り戻す〟というメッセージもあるんですよ」とお伝えしました。

すると、「そうですね…。その通りです。最近忙し過ぎて、自分の時間が取れなくて。ギスギスしている気がします。本来の自分を取り戻したいです！」と納得し、嬉しそうに答えてくれました。ただメッセージを伝えた場合は半信半疑だったのに、クライアントに形容詞で言葉にしてもらうだけで、なぜこのような違いが出るのでしょうか？

それは、自分自身の意見が承認され、認められたからだと思うのです。

誰かに認められることを求めて働いていた私のように、人は誰でも、誰かに認められたい生き物です。私のように等身大以上に認められたいわけではなくても、「間違ってないよ」「あなたの意見を尊重するね」と思われたい心理は、いたって普通のことです。しかし日常生活の中で、認められたり、承認されたりということは、何か特別なことをしない限りなかなかありません。だからこそ、ただ現状を認められただけで嬉しくなるのです。自分の本能が選んだ精油の香りのイメージを、自分の言葉で表現する。そして、それをセラピストと精油に肯定されることで、〝自分の選択に間違いはなかった〟と自分自身を肯定することができます。

私は、〝精油はいつでも肯定的なフォローをしてくれる〟と信じています。そして「それでＯＫ」と背中をさすり、そっと押してくれる。

アロマセラピーの〝セラピー〟は、そこからスタートするのではないかと考えています。

原因探しをやめ、〝現在（いま）〟をみる

〝過去に原因を求めず、現在の行動を変えること〟で悩みや問題の原因を取り去り、明るい未来を信じられるようになるためにと、私は学生時代に認知行動療法を学びました。そして、アロマセラピーは、明るい未来と希望を私に与えてくれました。気づけば、いつでも私のキーワードは〝明るい未来〟です。

「〝過去に原因を求めず、現在の行動を変える〟という認知行動療法の手法と、アロマセラピーを組み合わせたら、もっとできることがあるのになぁ」と、サロンを始めた時から考えていましたが、なかなかその方法が分かりませんでした。

ようやく糸口が見えたのは、前述した〝イメージ（形容詞）」を、本人の口から話してもらう〟ようになった頃。クライアントが精油のイメージを自分の言葉で語ることで、納得し前向きになる姿を見た時、アロマセラピーと心理学は親和性がとても高いと確信しました。

心理学とアロマセラピーを組み合わせようと考えた時、私は〝精油の心理作用をただその人の心にくっつける〟ような方法は避けたいと考えていました。それはどのようなものかというと、「この精油を選んだあなたは、○○タイプ」「イライラして食べ過ぎちゃうあなたは、こんな精油でダイエット」というような、心理テストと占いが一緒になったようなものです。

これでは先入観や決めつけでクライアントの行動が変わってしまう可能性があり、精油本来の働きを否定してしまいそうな気がしました。ましてや、「メリッサ精油が気になるあなたは、〝自分の心の弱さ〟を癒してあげて」というような、心の弱っている部分だけを見つける方法には決してしたくないと思いました。アロマセラピーも心理学も、弱いところやダメなところを探すものでも、補うだけのツールでもなく、「あなたは素晴らしい、未来は明るい！」ということを伝えるためのツールであって欲しいからです。

人は誰の言葉よりも、本当は自分の言葉を一番信頼している生き物です。占いやカードセラピーも、自分が欲しい言葉が出て来るまで続けてしまった経験がありませんか？　本当は、すでに自分の中の必要な言葉や答えが分かっているのですが、なかなかその答えを自分で信じることができないだけなのです。だから、〝自分の言葉で香りのイメージを語る〟というプロセスがとても重要になります。

最初は形容詞だけで香りのイメージを話してもらっていましたが、途中から人物や景色にあてはめてイメージを広げてもらうようになり、さらにイメージを広げてもらうために、「その香りのイメージは何色ですか？」「その香りは男性ですか、女性ですか？」「その人の職業はどんなものですか？」「その人物に会いたいと思いますか？」などの質問を行うようになりました。これにより、その香りのイメージに出て来る人物や景色のような状態になることが潜在意識の願望、本心なのだと、より分かりやすく伝わりやすくなりました。そして、この〝自分の言葉で香りのイメージを語る〟というプロセスに、認知行動療法のエッセンスを組み合わせてみました。

ここで、認知行動療法のセッションがどんなものなのかを、ご紹介しておきます。

ある女性が、「私は自己肯定感が低いんです。すぐに人と比べてしまって、私なんて全然ダメだと思ってしまいます。褒められたとしても、どこかで〝本当はもっとちゃんとやって欲しいって思っているに違いない〟とか、なんでもマイナスに受け止めてしまいます。それが原因で、何をやってもなかなか心の底から楽しいと感じられません…。どうしたらよいのでしょうか?」と話してくれました。

臨床心理学の多くは、ここで自己肯定感が低くなってしまった原因を探っていきますが、認知行動療法ではそれは行いません。それよりも、「楽しめない」ということにフォーカスしていきます。つまり、「どうすれば楽しく感じられるようになるのか?」ということを構築していくのです。認知行動療法のアプローチとしては色々ありますが、まずは「最近の楽しめなかったこと」を挙げてもらいます。その時の条件や感情、行動をひとつずつ思い出してもらい、その時〝どうすれば楽しめたのか？〟を考えてもらいます。いずれにしても、その時感じた小さな違和感を外す方法を見つけます。その逆で「楽しかったこと」を思い出してもらい、その時の感情や行動を考えてもらうこともあります。そして、楽しかった状態に近づくための小さなステップを考えていきます。そのステップを踏むことで「楽しめない」から視点を変えて「楽しめるかも」と思ってもらうことが目的です。これが、認知行動療法の基本的な考え方です。

〝過去と他人は変えられぬ〟という言葉通り、仮に幼少時代に両親との確執があり、自分の思考や行動に影響を及ぼしたとしても、今その過去の出来事を解決することはできません。だから、視点は常に〝現在(いま)〟です。〝現在(いま)〟の思考や行動を変えていくことで、未来を変化させていきます。ですから、セッションでは過去に原因を探すようなことは行いません。

そして、〝小さなステップ〟を〝香り〟に置き換えてみました。〝香りと〝記憶〟には密接な関係があるので、選んだ精油を日常の中で嗅いでもらうことで、セッションの時の言葉が思い出されます。つまり、香りを嗅ぐことで、セッションでポジティブに向かっていたことを脳が思い出してくれるのです。香りが思考や行動を変えるスイッチになってくれるのです。

こうして私は、クライアントが選んだ精油をブレンドして香水を作るようになりました。

〝認知行動療法的〟アロマセラピーの誕生

クライアントに精油を選んでもらって、その香りのイメージをクライアントに言葉で広げてもらう。そして、選んだ精油の成分や精油のメッセージから「もしかしたら、本当の願望はこうなのかもしれませんね？」と、さりげなくお伝えする。最後に、香水として香りをお渡しする。このような形になるまでに、6年の月日が経っていました。

私の中では「特別なメソッド」という認識はなく、2012年頃までは、「香りの心理分析＝アロマアナリーゼ」という名前もありませんでした。普通のこととしてアロマセラピーのセッションの中に要素として取り入れたり、月に1度開催していた、「精油の香水作りセミナー」の中で同じようなことを行っていました。しかし、この、「精油の香水作りセミナー」を開催しても、定員の4名が埋まることはほとんどないという状態でした。

「精油の香水作りセミナー」にお申し込みがなかったある日、たまたま別の用事で来ていた友人2名が、この香水作りを体験してくれることになりました。そもそも彼女たちは、アロマセラピーに興味があるわけでも香水が好きなわけでもなく、おそらく「お義理」でセミナーを受けてくれたのだと思います。

精油の知識がほとんどない彼女たちに精油を選んでもらい、香りからイメージする色、性別、年齢、職業などを質問していくと、戸惑いながらもとても面白がってくれました。そして、精油のメッセージや、自分が表現した精油の人物イメージが「こうなりたい」という本心であることを聞いて、「これ、面白いよ！」と大喜びしてくれたのです。

さらに、「精油の香りを選ぶ過程が凄いと思う。潜在意識とか、自分の本心とか、これから向かいたい未来の方向が見えたり。そういうことが分かるってことが、すごく楽しかった。このセッションにきちんと名前をつけた方がいいと思うよ」と、提案をしてくれました。

私にしてみたら、何も特別なことだと感じていなかったので、逆にこの提案に驚きました。これは、アロマセラピーや精油のことをあまり知らない彼女たちが感じた素直な感想です。そこで「アロマ」を使った「分析」なので、分析＝アナライズをフランス語読みにして、「アナリーゼ」を採用。そして、２０１３年に〝香りの心理分析＝アロマアナリーゼ〟と名付けました。

「精油の香水作りセミナー」から「アロマアナリーゼ」にネーミングを変えてから、毎月あっという間に定員が埋まるようになり、そこから急に全国各地に呼ばれてアロマアナリーゼのセッションを行うようになりました。現在までにセッションを受けてくれた方は、約３０００名になります。ネーミングだけでなく、「香りを使った心理分析法」であることを明確にしたことも功を奏しました。そしてそのうち、たくさんのアロマセラピストから「本格的に香りの心理分析＝アロマアナリーゼを勉強してみたいです！」という声をいただくようになり、アロマアナリーゼを行うセラピスト＝アロマアナリストを育てるための、「アロマアナリスト養成講座」をスタートしました。２０１５年のことです。そして２０１８年３月には、アロマアナリスト養成講座認定校が全国で5校（今後さらに2校増える予定）、認定アロマアナリストが全国で22名になりました。ここまで広がりを見せるとは正直思っていなかったので、私自身とても驚いています。

ただし、アロマアナリーゼのセッション自体は、養成講座に通わなくても本書を読むだけでも実践することができます。厳密な資格制度などは設けていないので、ぜひ本書を読んで、自分自身、そして身近な方、クライアントにセッションを行ってみてくださいね。

ここで、香りの心理分析＝アロマアナリーゼのスタイルをまとめてお伝えします。

アロマアナリーゼは、クライアントに精油を選んでもらい、選んだ香りの印象やイメージを自身の言葉で語ってもらい、その言葉をセラピストが分析し、ぴったりの精油のメッセージをお伝えする手法です。〝可能性と明るい未来を信じられる〟気持ちになってもらうことが目的なので、精油に対して、〝こうでなければならない〟という正解はありません。

「ラベンダー・アングスティフォリア」の印象を「優しくて落ち着く」と答えても良いし、「明るくて快活」と答えても良いのです。セラピストではなくクライアントにとって、〝答えたその言葉がどのような意味を持つか〟が重要になるので、その意味を読み解くことが一番大切なところです。

アロマアナリーゼを行うセラピストに必要なことは、精油の正解を提示することではなく、クライアントの描く未来像や現状を、〝受け入れる、承認する〟こと。そして、精油は常にクライアントに〝ＯＫを出している〟とお伝えすることです。

さらに、アロマアナリーゼの最大の特徴は、〝クライアントが悩みを開示しなくてよい〟という点にあります。それは、過去の原因に関わらず、現在の行動を変えることで解決するという、認知行動療法の手法をとっているからです。

多くの心理セッションは、悩みをあらかじめセラピストに伝えてからセッションに入り、その課題を解決するプロセスを踏むと思いますが、アロマアナリーゼに関しては、悩みはなんでも良いのです。場合によっては、悩みを自覚していなくても良いのです。

私は、長期間本人の中でくすぶっている本質的な悩みほど、心の奥の奥に隠れていると考えています。だから、表に出ている悩みに引っ張られて、本質的な悩みや課題に到達できないことの方が問題だと思うのです。脳は、本質的な悩みや課題が何であるかを当然知っています。脳に直接聞いた方が間違いはありません。

では、脳に直接聞く方法とはどんなものでしょうか？

それは、何度もお伝えしている通り、脳の扉を開いてくれる〝香り〟です。脳が「心地よい」「不快」と感じる直感こそが、本質的な悩みや課題を見せてくれるのです。自分が惹かれる香りには、本質的な欲求や希望が隠れているわけです。その香りの印象を語ることで、自分自身の本心が分かってきます。そしてその香りを使い、〝行動を変える〟ことで、香りの役目が果たされ、悩みや課題が徐々に解決され、描いていた明るい未来が見えてきます。これが、香りの心理分析＝アロマアナリーゼです。

実践法をお伝えする前に、次の章では、香りの心理分析＝アロマアナリーゼを行うためにどのような精油の知識が最低限必要になるのか、そして、今までにない精油の学習法を紹介します。

～ セッション事例 ～

アロマアナリーゼ体験談

ここで、実際のアロマアナリーゼのセッションを覗いていましょう。
2名のセッション体験事例を紹介します。

Session 1 ▷ 体験者1人目　K・Hさん（30代）
都内在住　アロマセラピー勉強中

①3本の精油を選ぶ

セラピストは、12 本の精油を用意する。この日は、ベルガモット、ペパーミント、マジョラム、ラベンダー、ゼラニウム、ローレル、イランイラン、パイン、パチュリ、ベチパー、ローズ、サンダルウッド、ミルラを用意。それぞれの香りを嗅いでもらい、好きな香りを直感で 3 本選んでもらいます。

K・H さんは目を閉じながら香りを嗅ぎ、1. マジョラム、2. ローズ、3. パチュリの順で 3 本選びました。

②精油のイメージを広げる

1. マジョラムと 2. ローズについて、どのような香りのイメージを持ったのか、K・H さんの言葉で表現してもらいます。
セラピストが、「その香りがイメージする色は何色ですか?」「男性ですか、女性ですか?」「人物に例えるとどんな人?」「どんな仕事をしている?」「その人物以外に何が見えますか?」「周りからはどう思われている?」「その人物に会ってみたいですか?」などの質問をテンポよく行っていきます。すると、K・H さんの口から次のようなイメージ像が浮き彫りになりました。

● 1 本目:「マジョラム」のイメージ像

K・H　淡い緑色。男性でも女性でもなく、精霊のような存在。樹とか風と仲良しで、渡り鳥のように自然の中を渡り歩いている。ほかには、キレイな湖が見える。イギリスや長野のような、美しい自然の景色が浮かぶ。周りの生き物からは、「この精霊と一緒にいると幸せになる」と思われている。私自身もその妖精に会いに行きたい。会ったら、元の自分に戻れる気がする。

● 2 本目:「ローズ」のイメージ像

K・H　緑色のイメージ。女性で、年齢は 40 〜 50 代くらい。見た目はカジュアルな服装をしていて、サバサバしているけど、とても家庭的で優しくて女性らしい人。
今は誰か家族と一緒に地方に住んでいる。一度は都会に出たけれど、元々住んでいた場所に戻り、「ここが私の生きる場所だ」と実感している。今は自然の中でリトリートを行う仕事をしている。その女性と私は仲良しで、知っている人。その女性には、生き方を教えてもらっている。「自分で OK なんだよ」ということを教えてくれる。

③セラピストによるアナライズ（心理分析）

基本的にアロマアナリーゼでは、選んだ順に2本目までの香りを中心に質問をして心理分析を行います。3本目に関しては分析は行わず、成分や精油のメッセージのみを伝えることが多いです。

K・Hさんは、「精油のイメージの言葉がすらすらと出てきた。自分でもびっくりしています」と話してくれました。これこそ、まさに自分では気づいていない心の奥からの声。この声を、セラピストが分析していきます。

●1本目：「マジョラム」について

セラピスト　マジョラムはシソ科の植物で、小さな花を咲かせます。自律神経のバランスをとり、身体をあたためてくれ、生理不順などにも効果的です。

K・Hさんはマジョラムを、淡い緑色で自然の中に住む精霊だと話してくれましたね。樹や風と仲良しで、渡り鳥のように暮らし、周りを幸せにしてくれる存在。この妖精に会ったら、「自分に戻れる」と話してくれました。

マジョラムの学名は、「山の喜び」を由来するギリシャ語から来ています。高い山に咲く花で、太陽に愛されている植物です。では、太陽とは何でしょうか？　太陽は、光です。マジョラムには、「光をあてて見つめる」「自分自身にスポットライトをあてる」という精油のメッセージがあります。もしかしたら、今は自分ではなく、他の人や物を優先している状態なのかもしれませんね。そして、自然の中に戻って、自分に戻りたいという思いがあるのかもしれません。

●2本目：「ローズ」について

セラピスト　ローズはご存知の通りバラ科の植物で、花から抽出される精油です。抗菌作用、抗うつ作用、女性ホルモン調整作用など、たくさんの作用があります。

K・Hさんはローズを、緑色のイメージで40～50代の女性。カジュアルだけど女性的で、誰かと自然豊かな地方に暮らしている。リトリートを開催していて、この女性に会えば生き方を教えてくれ、「それでOK」だと言ってくれる、と話してくれましたね。

ローズは、ギリシャ神話の愛と美と性を司る女神“アフロディーテ”が誕生したと同時に生まれた花とされており、「愛」の精油だと言われることが多いです。ローズには、「自分を真ん中に置く」「私が私に注目する」というメッセージがあります。マジョラムの「自分にスポットライトをあてる」にとてもよく似ているメッセージですね。また、“自然”というキーワードも同じです。

● 3本目：「パチュリ」について

セラピスト　クライアントがパチュリなどの根や土と関係の深い精油を選んだ場合、「魂と肉体の統一」をメッセージとして伝えています。これは、本来の魂の目的と、現在肉体が行っていることがチグハグだよという意味。そろそろ、魂がやりたがっていることを肉体が行うタイミングだよと精油が教えてくれています。
1本目、2本目ともに「自分」と「自然」がキーワードでした。3本目のメッセージと統合してみると、もしかしたら居場所を「自然」に戻したいと感じていらっしゃるのかもしれませんね。

④精油の香水作り

K・Hさんが選んだマジョラム、ローズ、パチュリをブレンドし、香水が出来上がりました。香水を日常で使ってもらうことで、精油のメッセージを思い出すことにつながります。

クライアントの感想＆後日談

「まさに今、仕事を辞めてどう生きていこうか？を考えていたところです。でももう、答えは出ていますね。後は、実行するのみです！」

Session 2 ▷ 体験者2人目　A・Hさん（40代）
山梨在住　主婦

①3本の精油を選ぶ

この日も 12 本の精油を用意。用意した精油は、ベルガモット、ペパーミント、ラベンダー、ゼラニウム、ローレル、イランイラン、ユーカリ、パチュリ、プチグレン、フランキンセンス、サンダルウッド、スパイクナード。それぞれの香りを嗅いでもらい、好きな香りを 3 本選んでもらいます。A・H さんは、1. ローレル、2. イランイラン、3. スパイクナードの順で選びました。

②精油のイメージを広げる

ローレルとイランイランについて、どのようなイメージを持ったのか、A・H さんの言葉で表現してもらいます。

「その香りがイメージする色は?」「男性ですか、女性ですか?」「人物に例えるとどんな人?」「どんな仕事をしている?」「その人物以外に何が見えますか?」「周りからはどう思われている?」「その人物に会ってみたいですか?」などの質問を行いました。

●1本目：「ローレル」のイメージ像

A・H　藍色。男性です。修行僧のような人物で、40代くらい。インドに暮らしていて、長い間、心と身体を見つめる修行をしている。

神秘的な探求を続けていて、その中で「何も問題はない。何でもOKなんだ」と悟った。これから先も修行を続けていくつもり。私は彼を、かっこいいと感じる。他の人と違う変なことをしているのに、それを本人はまったく気にしていない。会ったら？　うーん…。ハグしてみたい。ダメなところを全部見た上で、「それでもOKと言ってくれる」。素敵です。

●2本目：「イランイラン」のイメージ像

A・H　紫色で、50代くらいの女性です。シングルマザーで、20代の子どもが3人います。アジアで暮らしています。変わったお母さんで、母親になってからも自分の好きな神秘的なことを追求しようとします。でも、子どもたちもそんなお母さんを認めていて、とても好きです。

このお母さんは、「何でもやってあげちゃうと、子どもの力を奪ってしまうから、あまりベタベタするのはやめておこう」と考えている。けど本心は「もっとベタベタしたい」と感じている。

この女性に会ったら、やっぱりハグしたいです（笑）。そして、「お互い頑張っているよね！」と声をかけ合いたいです。

③セラピストによるアナライズ（心理分析）

選んだ順に、2本の香りを中心に質問をして、セラピストが心理分析を行います。

A・Hさんは、「こんなこと言うつもりなかったです。修行僧ってどういうことなんですかね？　ただ、1本目も2本目も、似たようなイメージがあるなと感じています」と話してくれました。

●1本目：「ローレル」について

セラピスト　月桂樹の葉から採れる精油で、自律神経を整えたり、風邪や頭痛にも使える万能精油です。ただアレルギーがある人もいるので、使用時は注意が必要な精油です。
A・H さんはローレルを、藍色で修行僧の男性とイメージしました。生き方がとてもかっこよく、「何の問題もない、何でも OK」と悟っていて、会ったらハグしてみたいと話してくれましたね。
ローレルのメッセージは、「アイデンティティの確立」です。A・H さんは、この男性のイメージからどのようなアイデンティティを感じますか？

●2本目：「イランイラン」について

セラピスト　イランイランは、熱帯の常緑低木です。学名には「花の中の花」という意味があり、心を落ち着かせリラックスさせると共に、精神を高揚させ、喜びの感情をもたらしてくれます。女性的なエネルギーも高めてくれると言われる精油です。
A・H さんはイランイランを、紫色で 50 代の女性。シングルマザーで子どもが 3 人いると話してくれました。そして、ここでもローレルと同じように、「好きなことをする、変わっている人」というワードが出ています。
イランイランは南国に咲く花なので、そこから「現実逃避」「現実をリセットする」というメッセージが読み取れます。本心ではもっと子どもたちとベタベタしたいと感じているのに、そうしません。なぜ、してはいけないと感じているのでしょうか？
もしかしたら、“母親はこうあるべき”という役割をリセットして、願望に従ってみてもよいのかもしれませんね。

●３本目：「スパイクナード（ジャタマンシ）」について

セラピスト　スパイクナードは、北インドやチベットの山の斜面などに生息している植物です。古代文明から使われている歴史を持つ香りで、宗教的にも医療の場でも使われていました。聖書の中にも登場し、最後の晩餐の前にマリアがこの油でイエスの足を拭う場面があるほど、神秘的な精油とされていました。この精油のメッセージは、「降参」です。すでに手放しが始まっているという意味です。

1本目、2本目を通して「好きなことをやる」ということが出てきましたね。A・Hさんの中で、新しいアイデンティティの確立や、現実のリセットが始まっているのかもしれません。3本目で「降参」が出ているので、どうぞ、このまま進めてみてください！

④精油の香水作り

A・Hさんが選んだローレル、イランイラン、スパイクナードをブレンドし、香水を作りました。A・Hさんはこの香りのタイトルを「神秘の香り 降参」と名付けました。

クライアントの感想＆後日談

「このセッションのおかげで、自分自身の好きなことや、今後もやってみたいことを、"世間に認められない変なこと"と感じていたのかもしれないと思いました。でも、ローレルもイランイランも、スパイクナードも、"それをやっていってOKだよ"と背中を押してくれました。自分自身が一番、"自分は変な奴だ"と引け目を感じていたのかもしれません。また、"役割"を演じ過ぎていたのかも…と感じました。役割を落とした素の自分が、もうよく分からなくなっています。これからどんどん素の自分に会っていきたい。勇気が出来ました！

香りは嘘をつくことができませんね。誰かに言って欲しかった言葉を、自分自身で言ってあげられた感覚です。」

〈第一章まとめ〉

香りの心理分析＝アロマアナリーゼとは？

Point 1

精油は「本能」が選択する

セラピストは精油を選ばない。クライアントの脳が必要な香りを知っている。人が持つ生きる力を信頼する。

Point 2

精油の印象を、クライアントの言葉で語ってもらう

精油の香りのイメージをクライアントに語ってもらう。それが、自分自身の今の状態や潜在意識を表現することにつながる。自分自身から出た言葉なので、自分を認めて信じることにもつながる。

Point 3

認知行動療法的アロマセラピー

過去に原因を探さないので、悩みを開示してもらう必要がない。“現在”にアプローチし、香りを使い言動や行動を選択し、未来を変化させる手法。

第二章

これまでにない精油の学習法

精油のプロフィール作り

〝精油の翻訳家〟になるために

アロマセラピーを学ぶ際に最初に身につける知識は、もちろん〝精油〟のことですよね。成分、薬理作用、産地、採油部位、採油方法といった基礎的な情報のほか、禁忌事項や注意事項などの使用方法。そして、その作用の根拠となる、精油の化学成分について。小さなボトルに入っている精油について驚くほど多くの情報を学んできたかと思います。

私はアロマスクールも運営していますが、生徒の中には、「知れば知るほど精油を使うことが怖くなり、自信がなくなる」と話す方がとても多くいます。私もかつてそのひとりでした。自信がないので知識が十分だと思えず、それをどう使えば良いか分からないのです。そして、「もっと精油を勉強しなければならない！」と感じます。

本当に、もっと精油を勉強する必要があるのでしょうか？

この章では、香りの心理分析＝アロマアナリーゼに必要な精油の知識や、精油の翻訳家になるための新しい学習法を紹介します。読み進めることで、精油の知識が足りないのではなく、精油の知識の活かし方が分かっていなかったことに気づいてもらえると思います。

植物と香りの歴史

アロマセラピーを学んだ人なら、必ず香りの歴史を学びます。

精油がこの世に誕生する前から、植物と共に生きてきたという歴史を知ることで、精油と私たちの関係性がより具体的に見えてくるからです。


例えば、クレオパトラの「ローズ」。

クレオパトラはローズだけでなく、さまざまな植物を用い、朝と夜には違う香りを身につけたといわれています。その中でも、特にローズを好んでいたそうです。

ローマの政治家、軍人であるマルクス・ア

精油のプロフィール❸

ローズオットー
～Rose～

学名▷*Rosa damascena*
科名▷バラ科
抽出部位▷花
抽出方法▷水蒸気蒸留
注目ポイント▷ギリシャ神話に出てくる、愛と美と性の女神アフロディーテ
メッセージ▷「愛」「自分を中心に置く」

ントニウスを部屋に招く時には、ローズの花びらを高さ30センチ程に敷き詰め、部屋中をローズの香りで満たしたとも伝えられています。（自分自身に焚き、ローズの香りをまとい出向いたという説もあります）

現在の観賞用のローズとは違い、クラッシックローズやオールドローズといわれるローズは、花びらだけでとても良い香りがします。そして、そのローズには催淫作用があることは、現在でも有名です。

クレオパトラが「絶世の美女」と呼ばれ、自ら強大なローマ帝国の有力者と手を結び、エジプトを立て直そうとした計画には、彼女の美貌だけでなくローズの香りが欠かせない小道具だったのではないでしょうか。

キリスト教誕生の際の「ミルラ」と「フランキンセンス」の物語は、アロマセラピーを勉強をする前からご存知の方もいらっしゃるかもしれません。

キリストが誕生した際、三人の賢者は夜空に怪しく光る星を見つけました。「何か素晴らしいことが起こったに違いない」と、それぞれ貢ぎ物を持ってキリストの誕生を祝いに向かいました。その際、黄金、没薬（ミルラ）、乳香（フランキンセンス）を貢いだとされています。もちろん、当時は精油にする技術はないので、ミルラもフランキンセンスも樹脂のままでですが、いずれも黄金に価するほど高価で希少なものだったと分かります。

救済効果があると信じられていたミルラは、ミイラの防腐剤として用いられたとされています。肉体が朽ちても魂が救済されると考えて、ミイラに使われていたのかもしれません。ミルラは人間の肉体を助けてくれるものだと考えられていました。

一方、フランキンセンスは神さまの香り、神さまの食べ物、と考えられていました。フランキンセンスを焚くことで神さまが喜び、恩恵をくれると信じられていたのです。

これら3つの貢ぎ物から、キリストの誕生を特別に喜び、最上の祝い事であったことがよく分かります。また、「黄金」は当時には貴重だった「オレンジ」だったので

精油のプロフィール❹

ミルラ

学名▷*Myrrh*
科名▷カンラン科
抽出部位▷樹脂
抽出方法▷水蒸気蒸留
注目ポイント▷エジプト時代の利用法。死者を迷わず黄泉の国へ導く。
メッセージ▷「迷える人の道しるべ」

フランキンセンス

学名▷*Frankincense*
科名▷カンラン科
抽出部位▷樹脂
抽出方法▷水蒸気蒸留
注目ポイント▷宗教儀式など、伝統的な使用法。
メッセージ▷「俯瞰して自分自身を見る」

はないかとする説もあるようです。もしも、オレンジだとすれば、風邪予防や免疫力を高める作用も期待できるので、赤ん坊が元気になるために献上されても不思議はありません。

最後にもう一つ、私の大好きな「パチュリ」のお話。

パチュリというと、「あの土臭い香り？」と敬遠される方も多いようです。私も、アロマセラピーを勉強し始めた時には、「なんでこんな香りの精油を作ったんだろう？」と正直思っていました（笑）。でも、今では大好きな香りです。

パチュリは防虫効果がありますので、シルクの原産国であるインドからヨーロッパに至るまでのいわゆる「シルクロード」を渡る際、シルクが虫に食われないように、パチュリに漬け込んでから運んでいたそうです。その時代、パチュリの香りのするシルクは本物の証でした。ヨーロッパの人たちは、パチュリの独特の香りから、見たことのないオリエンタルな国に思いを馳せ、想像を膨らませていたのかもしれません。

そう考えると、香りの旅というものに素晴らしいロマンを感じられるのです。実際、シルクがどれくらいの月日をかけてインドからヨーロッパまで到達したのかは分かりませんが、その間だけでなく、その後に加工されてまでも香るパチュリの香りの力強さは想像できます。

余談ですが30年以上前、私の父がイギリスのお土産にと買ってきてくれたシルクのスカーフは、パチュリの香りがしました。その頃にはパチュリを染み込ませてシルクロードを渡ることはなかったと思いますが、高級シルクの証としてパチュリで香りづけをしていたのかもしれません。

このように〝香り〟には歴史があります。その歴史を知ることで、植物や香りがどのような存在であったのかよく分かります。

ですが、本書でお伝えしたいのはそれだけではなく、〝植物〟という生物の歴史についても知っていただきたいのです。

精油のプロフィール❺

パチュリ
～Patchouli～

学名▷*Pogostemon patchouli*
科名▷シソ科
抽出部位▷葉、枝
抽出方法▷水蒸気蒸留
注目ポイント▷五行では「土」。土は、雨や日照りなどすべてを受け入れる。受容性と、魂意識をつくる「意」の統合。
メッセージ▷「魂と肉体の統一」

植物という〝生物〟の進化

植物が私たちを魅了してやまない、〝香り〟や〝作用〟を持つ理由は、植物の生態にあります。

植物は基本的に土と水と太陽が必要ですが、必ずしもいつも安定的に供給されるわけではありません。植物は動物のように、生きる場所を選べません。与えられた場所で生き抜くしかないのです。そこで自らの身を守り、子孫を残し、未来まで種を残すことが植物の命題であり、それを実現するための生態を身につけているのです。

植物は、生き抜く力の一つとして〝芳香成分〟という力を身につけました。これは、香りによって外敵から身を守るため、香りを使って他の生物を惹き寄せて受粉の手伝いをさせるため、あるいは傷ついた身体を修復するため、または水や太陽がない環境でも過ごせるように…ｅｔｃ。芳香成分、つまり私たちが精油として利用しているものは、植物の生命力の根源でもあるのです。私たちが香りに惹かれる理由が分かるような気がしませんか？

芳香植物や芳香成分を人類が利用してきた歴史は、世界の四大文明といわれる、エジプト文明・メソポタミア文明・インダス文明・黄河文明まで遡ります。文献が残っていないだけで、もっと過去から使われていた可能性もあります。

しかし、ここで私がお伝えしたいことは、「歴史上どのように用いられたか?」ということではなくて、「植物がどのような歴史を経て、現代に至っているのか?」です。

最も原始的な植物は、単為生殖で増える【コケ、シダ植物】です。

〝種を残す〟という生物の大命題において、単為生殖は最も簡単な方法です。ただし、クローンが増えるだけなので、自分とまったく同じものが増える、自分と同じ弱点を持っているということになります。ですから、ある

コケ・シダ植物
・単為生殖
・同じものができる
・同じ弱点を持つ
コケ
シダ植物

ウィルスに弱ければ、その種は全滅してしまいます。

増殖スピードの速さと種の脆弱さのどちらを優先するか？　ということで生まれたのが、〝メスとオスが分かれて生殖、交配する植物〟です。交配することで、自分と同じ能力のものだけでなく、多様な個性が生まれ、環境に適した子孫が生まれやすくなります。

〝優勢遺伝〟という言葉を聞いたことがあると思いますが、遺伝情報は〝環境に適したものほど子孫に残りやすい〟とされています。ですから、遺伝情報をさまざまなパターンで交配し、組み合わせていくことが、生き残るための最善の方法です。

まずは【裸子植物】をみていきましょう。

雌株と雄株が別々の植物で、風が吹くこと

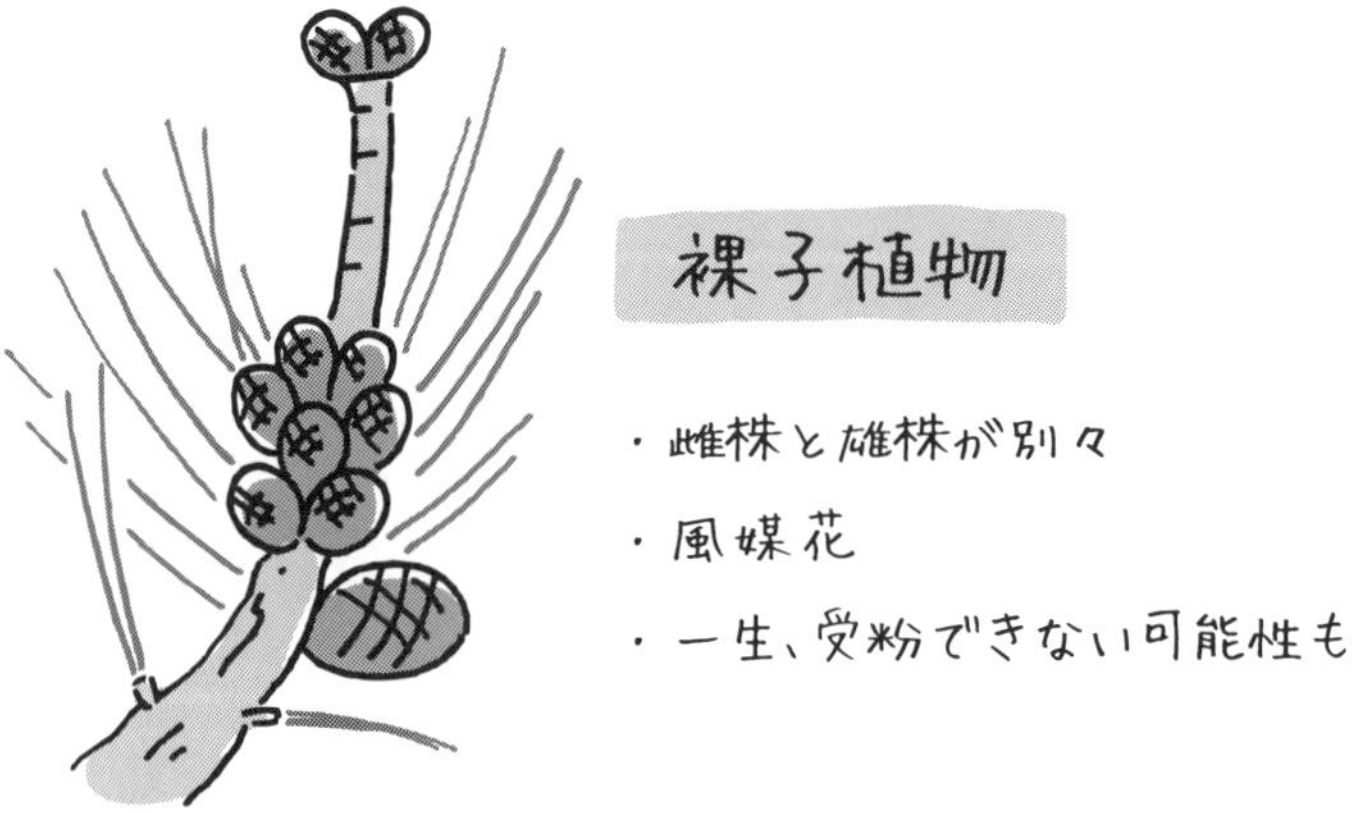

で花粉が飛ばされ、受粉に至る「風媒花」です。受粉は文字どおり「風まかせ」なので、いつ受粉できるか、いつ子孫を残せるのかが分からないリスクはありますが、さまざまな雄株の花粉を受け取ることで、多様な種を作ることが可能です。その分、環境への対応力が高くなります。

ただ、風まかせなので、一生受粉できない株が生まれることもあるわけです。

その問題を解決した植物が【被子植物】。

こちらは風ではなく、昆虫や鳥など他の生物を媒介として受粉をします。昆虫や鳥などを引き寄せるために、美しい花びらや芳しい香りを身につけることにしました。そこに引き寄せられた生物たちに花粉を運んでもら

ヘチマ（単性花）

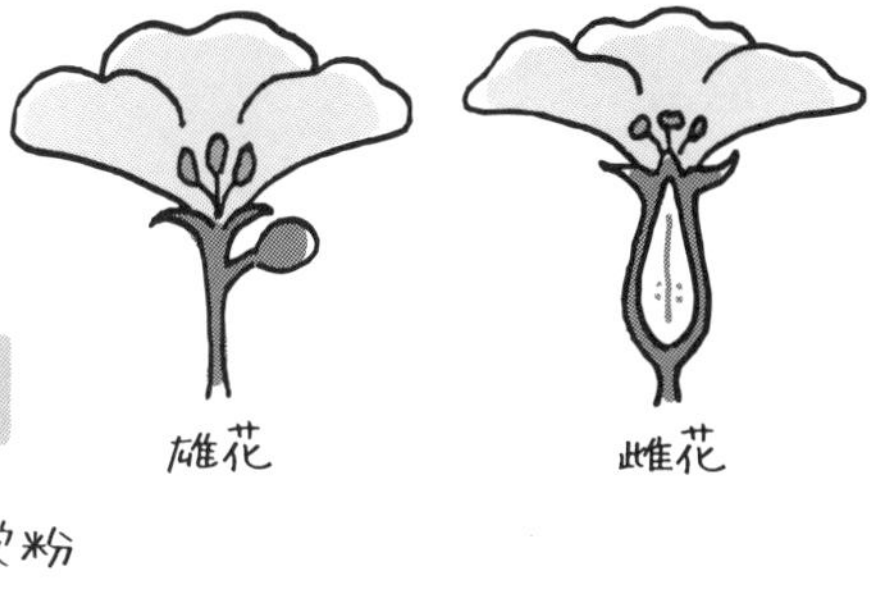

被子植物

- 昆虫や鳥などで受粉
- 美しい花びらや香りを身につけた
- 単性花は被子植物の中では割合は少ない

い、雌株に受粉をします。

その後、最も効率の良い形で生まれたのが、【雌しべと雄しべの両性を持った花】です。これが現在一番優れた、言い換えれば〝効率的〟な植物の生き方とされています。

私たちがよく知るアサガオを例にしてみましょう。アサガオは、雌しべと雄しべが分かりやすいので、理科の宿題などで観察日記を書いた思い出があるかもしれません。真ん中に1本すっと伸びた雌しべの周りに、5本の雄しべが並んでいます。開花するタイミングで受粉が行われ、雄しべが雌しべにくっつきます。開花した時には受粉されており、花が枯れた後に黒い種ができます。

両性を持っているので、他者を介在せずとても効率的です。

アサガオ（両性花）

雄しべと雌しべの両性を持った花

・両性を持つ

・効率的

そして、植物の媒介者には昆虫や鳥だけでなく「人間」も加わってきました。子どもの頃に、タンポポを見るとなぜか摘みたくなり、綿毛を吹きたくなりませんでしたか？　これこそ、タンポポが今いる場所より遠いところに行くための「戦略」です。他にも、シロツメクサの花で作った花輪を、遊んでいる間にどこかに置いてきてしまったこともあるでしょう。それも遠いところに行くための戦略かもしれません。花束を贈ったり、飾ったり、場合によっては食べることもあります。それもしたたかな戦略です。

ちなみに、女性が愛してやまない「ネロリ」や「ジャスミン」のような白い花は、昆虫には透明に見えており、人間にしか見えていないのだそうです。つまり、白い花は人間を媒介者に選んでいる花ともいえます。ただし香りは昆虫にも感じられるので、固有の昆虫を呼び寄せ、昆虫による受粉や生息域の広がりも従来通り行われています。

人間によってあちこちに運ばれた植物は、今まで生息していなかった地域に生息することも可能になり、種の多様化につながりました。現在でも、「外来種」と呼ばれる植物が日本国内のあちらこちらに自生しているのは、人間が持ち込んだケースがほとんどです。

一方、人類はどういう歴史を歩んだのでしょうか？

人類は大昔、食糧となる植物を求めて移動していました。その頃は、植物は私たちにとって食糧であり、生命の糧でした。５万年前のネアンデルタール人の墓からは、８種類の花粉の化石がみつかっています。

５万年前といわれても、ピンとこない方がいるかもしれません。宇宙に地球が誕生したのが、およそ45億年前といわれています。そしてそれから10億年後の35億年前には、光合成を行う生物が誕生しています。とはいえ、この頃の光合成をする生物は、現在の植物のイメージではなくて「バクテリア」です。

しかし、バクテリアの誕生で地球の様相はガラッと変わります。光合成によって、地球上に酸素が生まれました。そこからさまざまな生命体が誕生します。

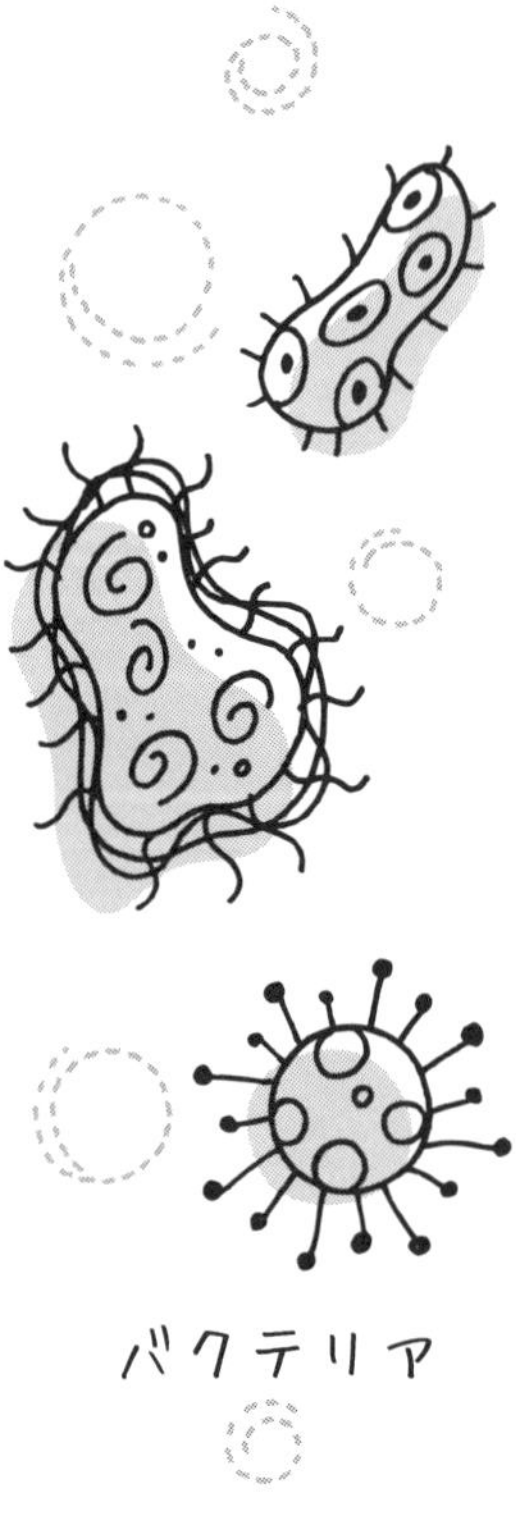

その後何億年もかけ、氷河期や温暖化を経て、約６５００万年前に猿の先祖である「霊長類」が誕生します。そこからさらに長い長い月日を経て、約７００万年前に直立二足歩行の猿人が誕生しました。さらに進み、３７０万年前に最初の人類といわれるアウストラロピテクスが誕生したとされています。それより約３００万年後の40万年前にマンモスが誕生しました。マンモスより前に、人類は誕生しているのですね。

そしてようやく、ネアンデルタール人が誕生します。約23万年前のことです。墓から花粉の化石がみつかっているのは、ネアンデルタール人が誕生してから20万年近く経過した時点です。つまり、すでにある程度の文化や習慣が存在していた可能性が考えられます。

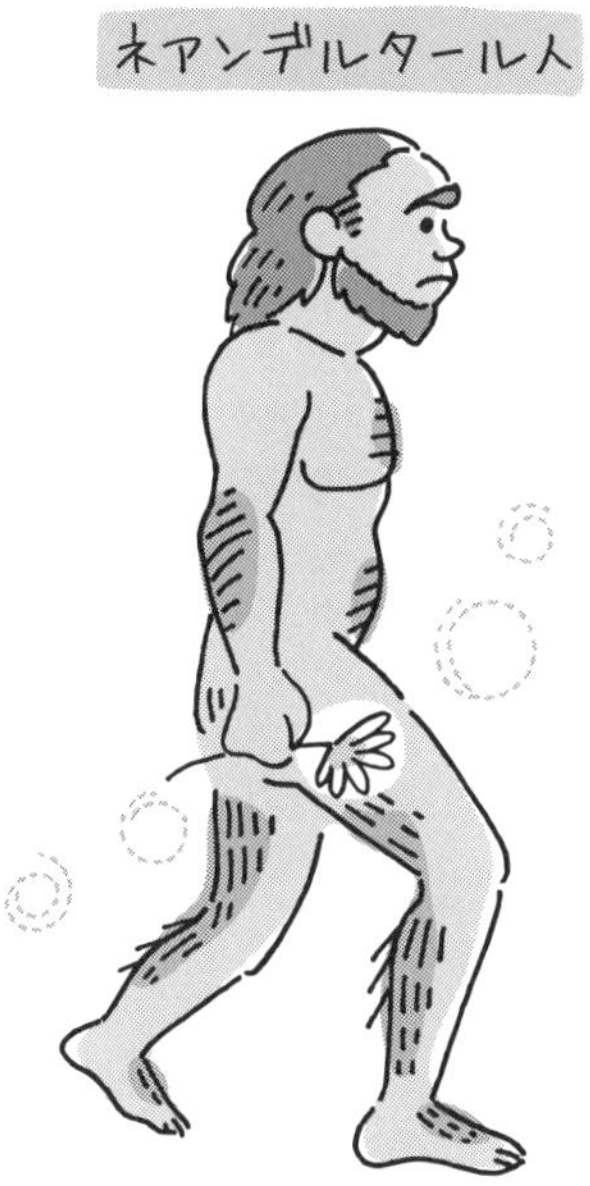

ネアンデルタール人の墓からみつかった花粉の化石は、墓のある1箇所に固まって見つかっています。これはつまり、墓に花束を手向けるという行為があったということではないでしょうか?

この時代から人類は花を愛で、花で死者を悼むという気持ちがあったのです。

このことから私たち人類は、大昔から植物をただ食糧として扱っていたのではなく、心を癒したり、死者を弔ったり、魂を浄化したりするものとして扱っていたことが分かります。そこから宗教儀式に用いられたり、医療に用いられるようになったことは、たやすく想像できます。

さらに植物の色や形だけでなく、香りにも意味を持たせ、香りにある種の〝権威〟を持たせるようになっていきました。それは、香りが上へ立ち昇るものだからだといわれています。香りは、〝神さまの食べ物〟〝神さまへの貢物〟とされ、洋の東西を問わず現在でも宗教儀式に重用されています。

このように、香りはとても神聖なものでした。一方で、人心を惑わすものでもありました。

「薫香（くんこう）」として古くから使われているフランキンセンスは、神殿で使われるものとされていたので、それ以外の目的に乱用した場合は死刑に相当する重罪だったと伝えられています。そのため、世界中で香りや植物を巡る権力争いが起こったり、植物を使って人心を掌握したとされる「魔女」と呼ばれた女性たちが迫害された歴史も生まれました。

しかし、魔女たちがそうしていたように、植物には人間の力では及ばない病気の治療、心の癒しが可能であることが古くから知られていたのです。私たちは、自分たちがよりよく生きるために植物を利用し、香りに助けられてきました。

一方で、植物たちも自分たちがより長く種を残すために人間をしたたかに利用してきたといえます。これこそ、私たちの植物と香りの歴史であり、共存の歴史です。

この歴史を知ることで、植物の美しさや可憐さだけでなく、強い生命力やしたたかな戦略を感じることと思います。そして、精油への理解がさらに深まるはずです。

「精油の化学」と「精油の科学」

多くのアロマセラピストが苦手と感じるのが、「精油の化学」ではないでしょうか？　しかし、一度理解してしまうと、アロマセラピーの中では最も普遍的で応用範囲の広い分野です。苦手意識を持たずに、この項目を読んでいただけたら嬉しいです。この項目もまた、アロマアナリーゼを行うために知っておくと便利な基礎知識になります。

「精油の化学」というのは、精油を化学物質として捉えた時に、どのような特性があり、人体に入るとどのような作用をするのか？　ということを知るための分野です。〝精油〟とは、植物が生きるため、子孫を残すため、外敵から守るために作られた物質です。この物質を細かく知ることで、精油の作用が理論的に解釈できるようになるのです。

例えば、リラックスで有名な「ラベンダー・アングスティフォリア」は、エステル類の酢酸リナリルとモノテルペンアルコール類のリナロールが主な成分です。エステル類の作用は、鎮静作用、鎮痛作用、神経バランス回復作用、血圧降下作用。モノテルペンアルコール類の作用は、抗菌作用、抗真菌作用、抗ウィルス作用などです。

その内のリナロールの作用は、鎮痛作用、鎮静作用、血圧降下作用になります。ですから、エステル類の酢酸リナリルとモノテルペンアルコール類のリナロールが合わさると、鎮静作用、鎮痛作用、血圧降下作用が全面的に出てくるので、ラベンダー・アングスティフォリアはリラックス、鎮静作用の精油だと説明されるわけです。

このように、精油の作用のほとんどが化学成分で決まっています。

当然のことですが、精油はその種類ごと、場合によっては同じ精油であってもロットごとに含有される成分が違います。身近な例でいえば、野菜が毎年収穫量や出来具合が違うように、生育状況、生育地などによって含まれる成分が違うからです。ですから、それぞれの精油の薬理作用を知るよりも、成分ごとの作用を覚えた上で、精油に含まれる成分から作用を類推できるようになることが大切です。

この化学成分は、大きく20くらいの「芳香成分類」というグループに分けられており、そのグループの中にさらに「芳香分子」という香り成分に分けられています。

これをひとつずつ覚えるのは至難の技です。しかし、20くらいの「芳香成分類」なら、簡単に覚えられるかもしれません。

『フランス・アロマテラピー大全』（フレグランスジャーナル社）の科学監修者であるピエー

ル・フランコムが作成した「芳香成分類の電子座標系グラフ」を知ることで、精油の作用はもっと簡単に理解できるはずです。ちなみに、『フランス・アロマテラピー大全』は、ロジェ・ジャロアが編集していますが、医師であるダニエル・ペノエルが医学監修をし、ピエール・フランコムが科学監修をした、アロマセラピーを化学的かつ科学的に検証した最初の書籍ともいわれています。

それまでアロマセラピーは、臨床的な利用方法でのみ伝えられていました。そこへ化学の手法を取り入れ、精油のひとつずつを「ガスクロマトグラフィー」という成分分析機にかけて、精油にどのような成分が入っているのかを検証し、さらにそれらの成分がどのように作用しているのかを検証した画期的な内容でした。

また、植物の精油成分は、同じ科、同じ属、同じ種であっても、成分に差があることがあり、それによって作用が違うので、同じ精油として扱うべきではない「ケミカルタイプ」を意味する「ケミオタイプ」から派生した言葉である「ケモタイプ」として分類すべきだと提唱したのも、この研究がきっかけです。現代のアロマセラピーの薬理作用や心理作用などは、この研究成果がなければここまで確立しなかったはずです。

芳香成分類の電子座標グラフ

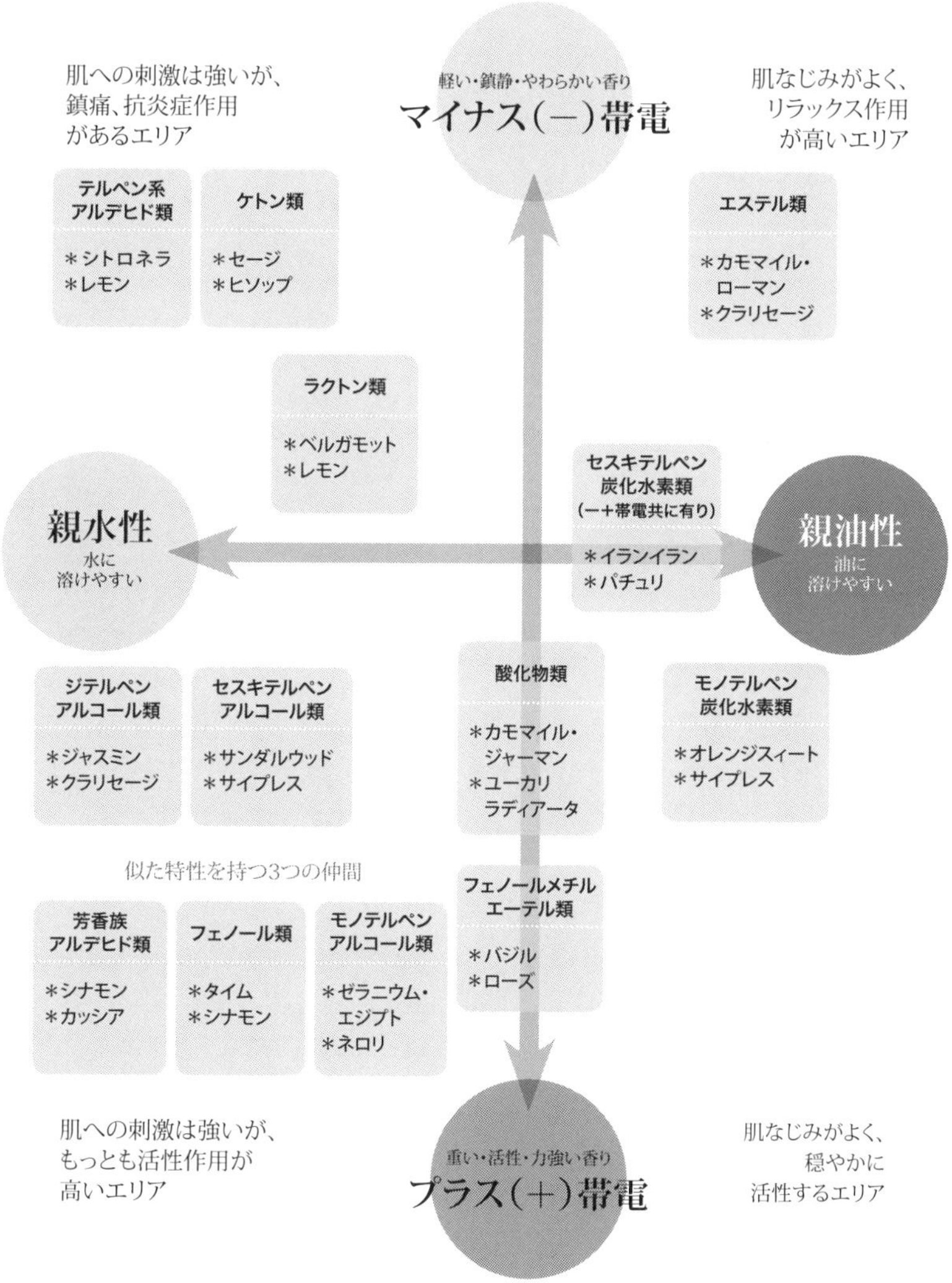

出典：BAB ジャパン『セラピスト』2016年10月号

前ページの座標の縦軸は、芳香成分が「マイナス帯電」か「プラス帯電」かということで分けています。

グラフの上部は「マイナス帯電」を表しており、こちらに分類される分子はマイナス電子を多く持っているので、鎮静や炎症を抑える作用が強くなります。

エステル類を多く含む精油は、ラベンダー・アングスティフォリア、カモマイルローマンなど、テルペン系アルデヒド類を多く含むレモングラス、リトセアなどです。

そして、グラフ下部は「プラス帯電」を示しています。プラスに「帯電」という言葉は分かりにくいですが、マイナス電子が不足しているために、プラスが勝っている状態です。こちらに分類される分子は、強壮作用、抗菌

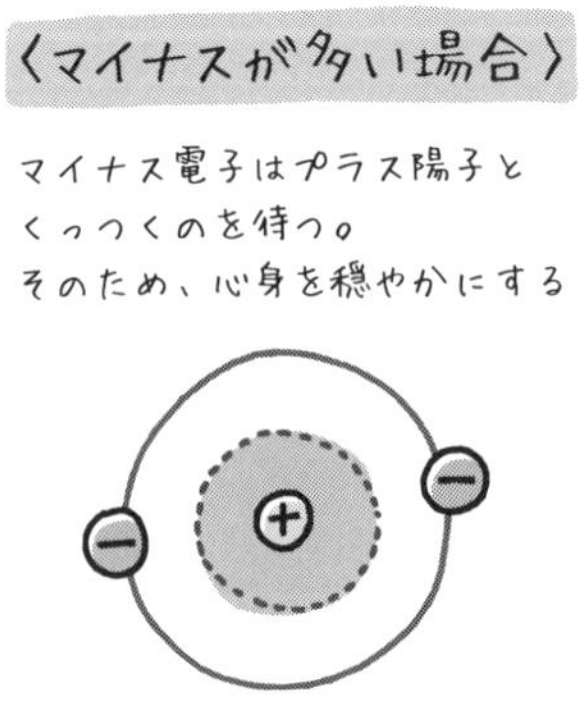

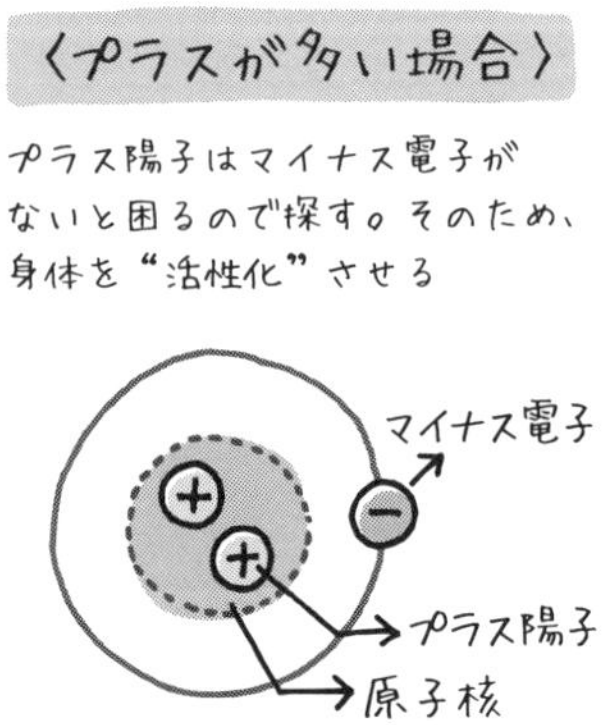

作用、抗ウィルス作用が強くなります。

モノテルペンアルコール類のティートゥリー、ローズマリーシネオールなど、モノテルペン炭化水素類のレモン、サイプレスなどです。

簡単に説明すると、〝上はリラックス、下はリフレッシュ〟と覚えると良いでしょう。

そして、座標の横軸は、「分子の極性」を表しています。

「極性」というのは〝水への溶けやすさ〟です。

右に行くほど極性がなくなるので、水に溶けにくくなります。芳香成分類でいえば、モノテルペン炭化水素類、エステル類を多く含む精油、とくに柑橘系の精油の香りはほとんど水に溶けません。

一方、左に行くほど水に溶けやすくなる、ということを示しています。芳香成分類でいえば、水酸基（-OH）がつくアルコール類となります。ローズの特徴的な香り成分、フェネチルアルコールは水に溶けやすいことで有名です。

つまり、水蒸気蒸留法などで採油した場合、右は精油としてその成分の大部分を採ることができ、左はハーブウォーターに溶け出してしまうことが多いということです。

こんな風におおまかに理解するだけでも、精油の化学は十分理解できるはずです。

次に、【精油の科学】です。〝アロマサイエンス〟とでも呼ぶべき分野ですが、精油の生理学や心理学、また環境学とも深く関係してきます。

精油がなぜ私たちの身体や心に作用するのか？　ということを生理学的に理解すると、〝嗅覚〟というとても面白い感覚を利用するところにあります。触覚・視覚・味覚・聴覚・嗅覚。五感といわれる五つの感覚器がありますが、この中で唯一、嗅覚だけが爬虫類脳とか嗅脳といわれる「大脳辺縁系」にシグナルを送ります。

私たちの脳は大きく分けて、脳幹・大脳辺縁系・大脳新皮質の3つの層で構成されています。

「脳幹」は文字どおり脳の幹（みき）で、呼吸など〝生きること〟に必要な機能を司っています。つまり「ＬＩＶＥ（生きる）」という機能です。

「大脳辺縁系」は、すべての動物が持つ〝本能〟を司るといわれています。本能というのは、生きるか死ぬか、子孫を残すことを第一義に考えられた行動の基本となるところです。つま

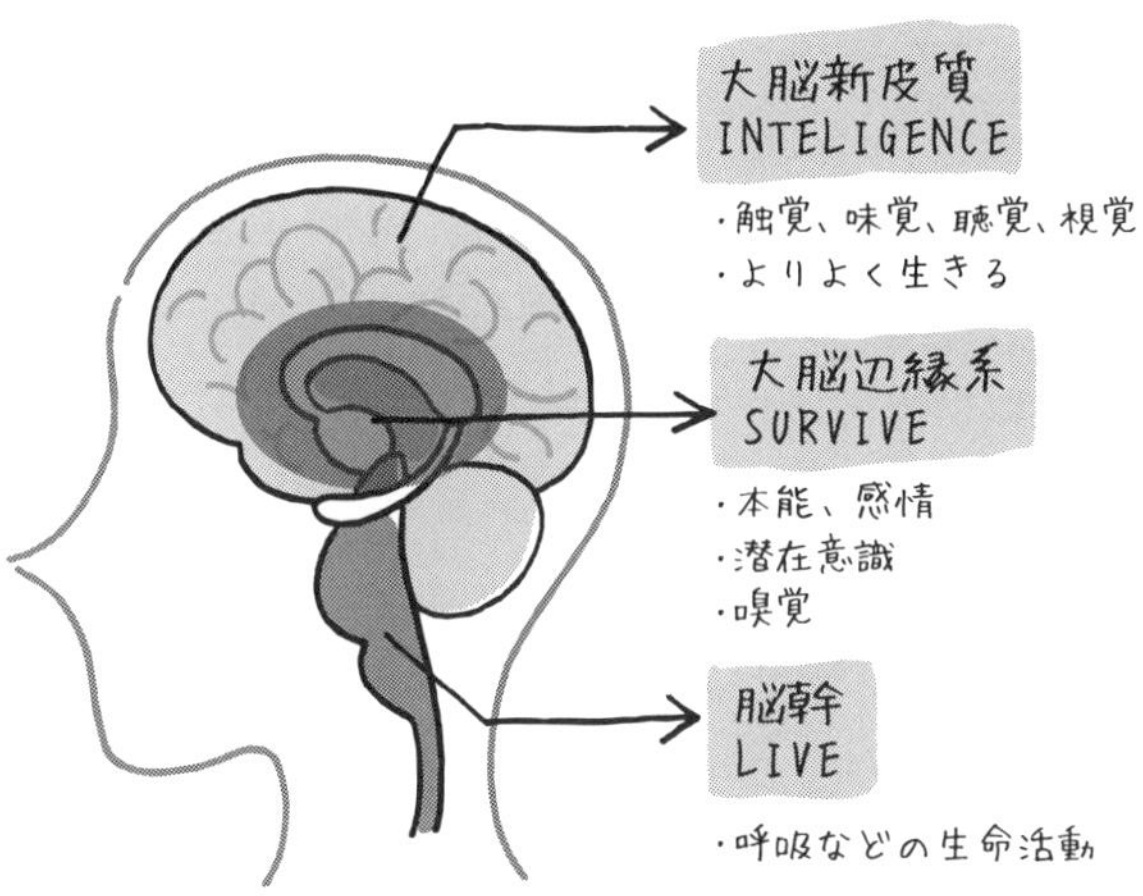

り「SURVIVE（生き残る）」のための機能です。嗅覚が、「SURVIVE」のために使われた感覚器であるのは、大昔、食べ物を選ぶ時に「これを食べても大丈夫かな？死なないかな？」という判断をするため、鼻を使ったのではないかと予想されます。

今でも私たちは、腐っているかどうかを鼻で確認します。見ただけでは分からないし、ましてや口にして確かめることは少ないでしょう。嗅覚には、生命に関わる判断をする機能が備わっているということです。

さらに、大脳辺縁系の扁桃核では、「快・不快」が瞬時に判断されることも分かっています。

私たちは、〝良い香り〟と〝嫌な香り〟を、瞬時に判断することができます。初めて嗅ぐ香りに対しても、瞬時に判断することができるのです。

ちなみにその他の感覚器官、触覚・視覚・味覚・聴覚は、「大脳新皮質」で判断されています。大脳新皮質は高等動物にしかない、いわる新しい脳で、生存だけでなくより良く生きること、幸せになりたいなどの欲求を司る脳です。「ＩＮＴＥＬＩＧＥＮＣＥ（知性）」のための機能といわれています。

このように、本能にとても近い嗅覚を使うことで、私たちの大脳辺縁系に眠るといわれている個人の本当の欲求や願望である潜在意識、それに伴う感覚や感情を呼び覚ますことができます。また、嗅覚により大脳辺縁系が刺激されると、自律神経やホルモンバランス、免疫力が調整されます。身体の状態を常に一定に保とうとする〝ホメオスタシス（恒常性）〟が働くのです。脳は、私たちがどのような過酷な環境の中にいても、「ＳＵＲＶＩＶＥ（生き残る）」するために機能してくれているのです。

精油の科学で理解しておくことは、〝嗅覚〟は私たちが「生き残る」ためにあらゆる角度から常に私たちを守ってくれているということです。

身体で例えると？　精油の多面性をみる

精油と植物をさまざまな角度から見てきましたが、いかがでしたか？　続けて、植物や精油にはさらにさまざまな顔があることを伝えたいと思います。

私のアロマスクールのアロマセラピーのレッスンで必ずお伝えしているのが、〝パラケルススの特徴類似説による精油の作用〟です。

パラケルススとは、16世紀の哲学者（医者、錬金術師、化学者などの顔も持ち併せる）で、今でいうところのホリスティックな思想を元にして、さまざまな研究をしていた人物です。そのひとつとして、植物の特徴と人間の特徴を見比べた時、〝同じ機能を持つ部位は、同じ作用をする〟という考え方を提唱していました。

【花】

花は、人間でいうところの「頭」にあたります。すなわち、花の精油は「頭」に作用するということです。鎮静作用、抗不安作用、抗鬱作用、リラックス作用、興奮作用ｅｔｃ…。

また、花には雌しべと雄しべがあります。つまり、「生殖器」。花の精油は女性の生殖器である、子宮周りにも作用します。更年期特有の症状を緩和したり、月経困難症を軽減してくれます。他にも、月経前困難症やＰＭＳなど、幅広く作用します。

【花の精油】ローズ、ジャスミン、イランイラン、ネロリなど

【葉】

葉は光合成を行う場所。光合成とは、空気中の二酸化炭素を取り込んで酸素を吐き出す、人間でいうところの「呼吸」です。つまり、葉の精油は「呼吸器系」に作用します。

【葉の精油】ユーカリラディアータ、ユーカリグロブルス、ティートゥリーなど

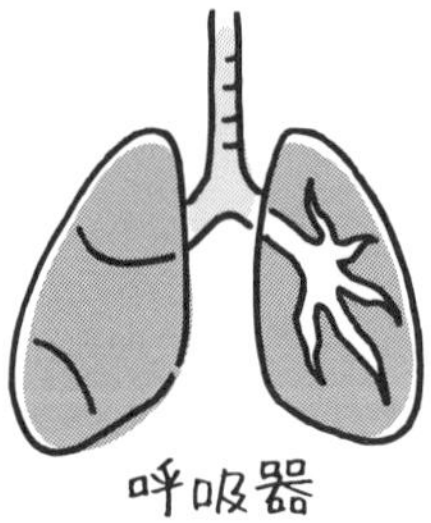

呼吸器

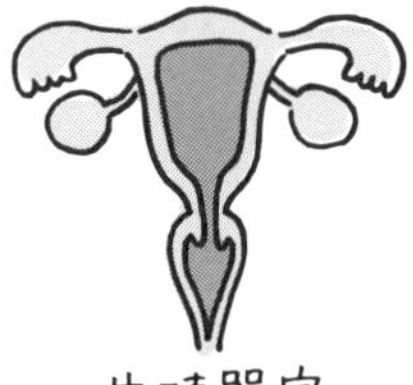

生殖器官

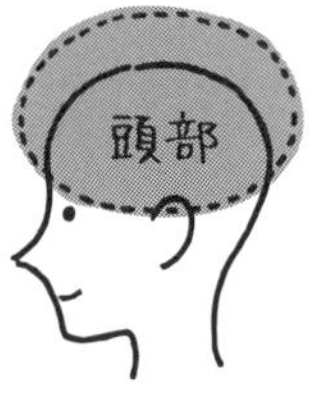

【根】

根には栄養を取り込み、地上の器官に送り込む機能があります。下から上へ、という作用。ですから根の精油は、冷えた体温を上げる、冷めた気持ちを上げるなどの作用があります。さらに、根があるのでしっかりと立つことができ、グラウンディング（自立）を促す作用があります。地に足をつけたい時に使うと良い精油です。

【根の精油】ジンジャー、ベチバー、アンジェリカルートなど

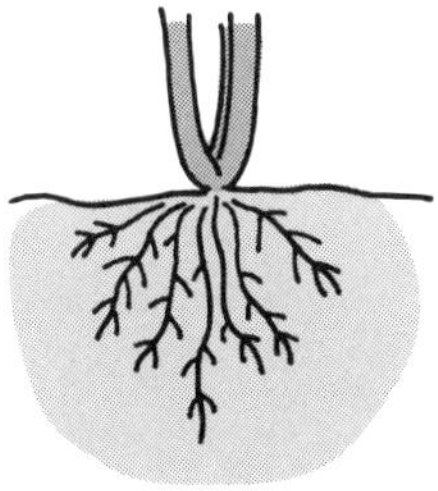

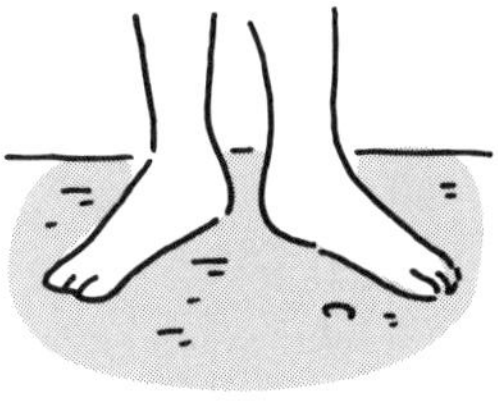

グラウンディング

【木部】

木部は最も太く、しっかりしている部位。

幹のおかげで植物は自立できるので、根と同じくグラウンディングの作用があります。また、幹は植物の中心＝芯になりますので、自分軸を作る、揺るがない軸を作るとも考えられます。木部、幹によって栄養分を全身に送りますので、流れを良くする作用も期待できます。

気の流れ、血液の流れ、リンパの流れを整えてくれます。

【木部の精油】 サンダルウッド、シダー、ヒマラヤスギなど

【果実（果皮）】

果実は植物の子どもにあたります。子どもの明るさ、無邪気さを取り戻してくれます。無条件な幸せ、というのも当てはまります。そして、子どもということで、自分自身の中の傷ついた子どもである〝インナーチャイルド〟を癒すことも期待できます。

【果皮の精油】 レモン、ベルガモット、オレンジスィート、オレンジビターなど

【種子】

実が子どもなら、種子は「赤ちゃん」。赤ちゃん

自分軸

インナーチャイルド

はこれから成長します。エネルギーと可能性の塊といってもよいでしょう。元気になりたい、エネルギッシュに乗り切りたいという時に、とても良い精油です。

【種子の精油】 カルダモン、コリアンダー、フェンネルなど

【樹脂】

昔からお香として使われてきた樹脂。樹に傷を入れると出てくるので、人間でいう「血液」にあたります。傷口を塞いだり、肉体的な傷口だけでなく心の傷も塞いでくれます。また、固まるという特徴があるので、決意を固めるというような使い方もできます。

【樹脂の精油】 フランキンセンス、ミルラ、ベンゾインなど

こんな風に植物の特徴から作用を想像してみると、意外と精油の薬理作用と一致することも多いので、この方法を覚えておいて欲しいのです。

さらに「葉」なら、葉の先が尖っている「針葉樹」なのか、先が丸い「広葉樹」なのか、葉が落ちる「落葉樹」なのか、年間を通して緑が繁る「常緑樹」なのか、表面はツルツルなのか産毛が生えているのかなどを観察してみてください。それならどういう〝性格〟になるのか、想像して欲しいのです。その想像と薬理作用は、大抵一致するはずです。

そして次にお伝えしたいのが「学名」の面白さです。

よく生徒さんに、「学名ってどうやって覚えるんですか？」「学名を覚える必要がありますか？」と聞かれますが…ぜひ、覚えてください。普段ニックネームで呼んでいる友達でも、〝ニックネームしか知らない〟ということはないはずです。本名も知った上でニックネームで呼んでいますよね。そして、名前の由来などを聞いてみると、ご両親の愛情を感じたりすることができるかと思います。植物の学名も同じです。学名には、その植物の歴史と意味が詰まっているのです。

例えば、「マジョラム」の学名は「Ｏｒｉｇａｎｕｍ ｍａｊｏｒａｎａ」です。これは、ギリシャ語の「ORUS（山）」と「GANUS（喜び）」から成る「山の喜び」を意味しています。山の喜びというだけあり、高い山に咲く花で、太陽に愛されている植物といっても良いかもしれません。そんな植物の精油です。

太陽に愛されたい人、太陽に愛されるべき人の精油です。では、太陽ってなんでしょうか？想像力を働かせてみてください。光かもしれないし、暖かさかもしれません。優しさかもしれないし、栄養かもしれません。あなたをもっと元気にしてくれる、あなたを輝かせてくれる…そんなハーブなんじゃないかと想像できませんか？

もう一例、「クラリセージ」の学名は、「Salvia Sclarea」です。「Salvia」にはラテン語の「SALVO（救う、治療）」という意味があり、「Sclarea」は、「CLARUS（明るい）」という意味があるそうです。クラリセージの種の粘液で目を洗うと、視界が明るくなることから来ているそうです。さらに、クラリセージはビールのホップの代用品として使われていたり、質の悪いワインの味を整えるために使われたことから、お酒とも縁の深いハーブです。このように考えると、明るい視界だけでなくて、明るい気持ちを与えてくれ、沈んだ心を救い出してくれるのかもしれないと想像できます。

こんな風に、学名の意味と実際の使用方法を併せて想像してみると、さらに理解が深まります。学名を知るだけで、ハーブがもっと立体的に感じられるようになります。

次に紹介する精油の見方は、東洋医学の基本的な思想となる〝五行思想〟です。

本などに「この植物の五行は〝水〟です」というようなことが書かれているのを見たことがある方もいるかと思いますが、特に絶対的な決まりはありません。本によって違い、著者、研究者によって違う解釈がされています。では、そもそも五行とはなんでしょうか？

森羅万象は、木・火・土・金・水の五つの要素で成り立っているという東洋の思想です。自然界は、水（海）を火（太陽）で温めることで雲が発生し、雨が降り、土が潤い、木が育ち、土の中の金（ミネラル）が豊富になる、という循環で成り立っています。これが基本思想です。

この五要素には、対応する臓器・器官・色・感情などがあります。五臓と呼ばれる五つの臓器は、先ほどの自然界のつながりのような関係で、相互に影響し合いながらそれぞれの「働き」を担っているのです。

私たちの身体は、自然界がそうであるように「水」が循環することで潤い、伸びやかで健康に生活できます。そのため、水を司る臓器「腎臓」がよく働くことが大前提です。では、五行の「水」を動かすために何が働くと良いと思いますか？　答えは「火」です。「火」は太陽を表します。太陽が照ると、海や川の水が蒸発し雲ができます。雲ができれば雨が降り土が潤い、木が茂る。土の中にはミネラル（金）も豊富に出来上がります。人体も同じで、「水」

である腎臓を働かせるために、「火」の心臓が元気だと、他の臓器、器官に水分が運ばれ、同時に血液や酸素が運ばれ肉体は豊かで健康でいられるのです。

このように、五行思想は私たちの身体の中に、「自然界」があると考え、さらに木星・火星・土星・金星・水星という惑星の「宇宙」までもがあると考えられています。

では、精油はどのように五行分類されるのでしょうか？「木」の五臓は「肝臓」なので、肝臓機能を高める作用を持つペパーミントやレモンを「木」に分類することもできます。もしくは、フランキンセンスやミルラなどの樹脂系を「木」に分けてもよいでしょう。

「金」の五臓は「肺」なので、副鼻腔炎などに作用する精油を「金」に分類しても良い

五行思想

五行	木	火	土	金	水
五臓	肝臓	心臓	脾臓	肺	腎臓
五器官	目	舌	口	鼻	耳
五感情	怒り	喜び	思う	悲しみ	恐怖
五色	緑	赤	黄	白	黒
特徴	成長 発展	上昇 温熱	受容 収穫	変革 支配	浸潤 冷却

です。「火」は「喜び」の感情を司るので、ローズやジャスミンを「火」に分類することもできます。

では、「ティートゥリー」はどうでしょうか？　風邪予防や呼吸器のケアに使われることが多い精油です。ということは、肺のケアだから「金」だといえます。香りには苦味があるので「火」かもしれません。あるいは、グリーンのイメージなので「木」でしょうか？　こんな風に、あらゆる可能性を見ていき、それぞれの要素の働きや特徴と精油の作用を照らし合わせ、ティートゥリーらしい五行要素はどれかを考えていけばよいのです。

「どれが正解か？」というよりも、〝どの側面をクローズアップしたいか〟によって、どの要素が強くなるかが変わります。どれかひとつかもしれないし、すべてかもしれません。五行で精油をみる時に大事なことは、〝どの要素を持っているか？〟を見るというより、〝どれだけ多面性を持っているか？〟ということに気づくことです。

その他、最も古い医学体系を持つというインドの「アーユルヴェーダ」を通して精油をみることもできます。

アーユルヴェーダは、ヴァータ（風）・ピッタ（火）・カパ（水）の三要素から成っていて、その性質に合わせた精油の分類も可能です。さらに、医学の祖といわれるヒポクラテスが説いた四体液説から見ることもできます。こちらは、血液・粘液・黄胆汁・黒胆汁の四分類です。体液別に体質や性質をみるという視点も興味深いところです。

私が時々参考にしているのは、植物のエネルギーを利用したセラピーである「フラワーエッセンス」です。植物のフォルムから植物の性格や必要とする人の性格を診断する方法は、とても参考になっています。例えば、トゲトゲの葉を持つ植物は、〝自分のテリトリーを守る〟ので、自分のテリトリーが他人に影響を受けやすい人に必要とされています。

最後に忘れてはいけないのは、「産地」です。北海道生まれの人と沖縄生まれの人は、体質も考え方も違うことが多くみられるように、植物も産地によってその性質が違ってきます。例えば、乾燥地帯で育つフランキンセンスは、乾燥地帯で起こしやすい「気管支炎」「喉の炎症」などに効果的です。

この現象ひとつを見ても、〝植物は人を助けるために存在してくれている〟と思わざるを得ないのです。だからこそ、私たちも植物を守ることを続けなければならないと感じています。

このように、ひとつのボトルに入っている精油をただの「液体」「香り」として捉えるのではなく、そのバックグラウンドを知り、キャラクターを想像し、理解することが精油と仲良くなるためにとても大切なことになります。

精油の知識を活用できていますか？

これまでのお話は、中には新しい話もあったかもしれませんが、なんとなく聞いたことがあることがほとんどだったのではないでしょうか。アロマセラピーが好きで、学んできた方たちは、こういった知識をさまざまな場所で学習されていると思います。改めて聞くと、面白いことばかりだと思いませんか？　精油ってとても魅力的ですよね。

しかし、このような知識を実際にアロマセラピーのセッションでどれだけ活用することができていますか？　知っているだけで使えていない知識もあるのではないでしょうか。

私もそうでした。一章でお話しましたが、サロンを開業したばかりの頃、インストラクターの資格もありましたし、認定校でもありました。それなりにアロマセラピーを学んできたはずです。それなのに、クライアントに精油の説明をすることにまったく自信が持てませんでした。ですから私のサロンでは、「リラックスブレンド」と「リフレッシュブレンド」の2種類のブレンド一覧を見てもらい、どちらが良いか選んでもらっていました。

今思えば恥ずかしいだけでなく、クライアントに申し訳がありません。アロマセラピーを受けに来ているのに、精油を選ぶことができない、精油の説明もない。これでは、ただの香料でしかありません…。「これではいけない」と、精油を選んでいただくことにしましたが、それでも私は精油の作用や効能についてきちんと説明できる自信がなかったので、クライアントと一緒に『精油事典』を引き、「この精油にはこういう作用があるんですって」「禁忌事項がありますね。どうします？」と説明をしていました。「無責任にするよりもいいだろう」と思い、しばらくこのような対応を行っていたのです。

しかし、ここから一念発起しました。

クライアントが帰った後、その精油をもう一度調べて、化学成分や薬理作用、禁忌事項、注意事項をノートに書き出すようにしたのです。さらにクライアントの主訴を書き加え、その内にさまざまな本から学んだ精油の歴史や精油の五行分類などをちょこちょこと書き加えるようになりました。

これが私の「精油の臨床ノート」です。毎日地道に、約3年間続けました。この「精油の臨床ノート」は、とても素晴らしい気づきがたくさんあったので、ぜひみなさんにも同じように実践していただけたらと思うのですが、今から3年となると気が遠くなってしまいますね。ですから、私の経験を踏まえて、もう少し短い期間でそれを身につける方法をお伝えします。

翻訳家のための「精油のプロフィール」作り

アロマセラピーは〝奥が深い〟とか、〝学びに終わりはない〟というのは事実ですが、きっとあまりにも多岐に渡っている上に、複雑に絡み合い、どこから手をつけたらよいのか分からないことが、アロマセラピーを難解なイメージにしているように感じるのです。

そこで私がオススメしたいのは、〝精油一本ずつの「プロフィール」を作成する〟という作業です。

『精油事典』などを読むと、学名・科名・抽出部位・原産地・主な成分・主な作用などが一覧にあり、とても便利です。しかし、それ一冊あればアロマセラピーを安心して行えるかというと、「そうでない」と答える人が多いかもしれません。『精油事典』が悪いと言っているのではありません。精油の理解の仕方は人によって違うため、画一的なアプローチでは理解できないことの方が多いからなのです。ですから、ここはちょっと手間ですが、自分だけの『精油のプロフィール』事典を作って欲しいのです。

〝プロフィール〟という言葉は、〝横顔〟という意味が語源になっています。つまり、表の顔ではないけれど持っているもの、という視点で考えてみると面白いかもしれません。

表の顔が、〝学名・科・採油部位・生産地・色・香り（成分）だとしたら、〝横顔〟はなんでしょうか？

○ギリシャ神話の中で、その植物にはどんな意味があったのか？
○東洋医学では、どのように用いられてきたのか？
○その植物の支配星は、一体どういう意味を持っているのか？

ということが、横顔になるかもしれません。

この章で紹介してきたように、精油をただの液体ではなく、バックグラウンドを持ったキャラクターとして多面的に見て理解して欲しいのです。そして、各精油の「プロフィール」を作って欲しいのです。

先ほどから常に例として紹介している、「ラベンダー・アングスティフォリア」を挙げてみましょう。

【精油名】「ラベンダー・アングスティフォリア」
Ｌａｖａｎｄｕｌａ ａｎｇｕｓｔｉｆｏｌｉａ
【科】シソ科
【抽出部位】花穂
【主な成分】エステル類（酢酸リナリル）、モノテルペンアルコール類（リナロール）
【治療特性】鎮痙攣作用、鎮痛作用、鎮静作用、抗鬱作用、筋肉弛緩作用、血圧降下作用、瘢痕形成作用、皮膚組織再生作用、抗炎症作用、抗菌作用
【適用例】不眠・睡眠障害、不安症、ストレス、うつ病、興奮症、皮膚疾患（湿疹、乾癬など）、にきび、火傷、掻痒症、リウマチ、高血圧、筋肉痛
【禁忌事項】特になし

このような感じです。そして、ここからがとても重要です。
今まで学んできラベンダーの情報を全部書き出してみます。

○紫色
○寒い地域で育つ
○標高の違いで成分に差が出る

○学名の「Ｌａｖｅ」には「洗う」、「ａｎｇｕｓｔｉｆｏｌｉａ」は「細い葉」の意味
○中世には傷を洗い清めるために使われた
○古代エジプトではミイラ作りにも防腐剤として使われた
○ローマでは出産時に使われた
○枝には「邪悪な視線」をそらす力があると考えられていた
○ペスト予防に使われた
○頭を休める、慰めと呼ばれていた
○イギリスの看護師のナイチンゲールが野戦病院の患者の入眠に使っていた
○薬草学の医師、ニコラス・カルペパーは水星が支配していると考えた
○フランス軍医のジャンバルネ博士は「虚弱でデリケートな子ども」や「ショックやトラウマのある人」は就寝前のアロマバスに使うことをすすめた
○東邦大学名誉教授で医学博士の鳥居鎮夫博士は、使用すると後頭部にα波が発生することを見つけた
○サトルアロマの第一人者のパトリシア・デーヴィスは、高次のスピリチュアルエネルギーとつながるとしている…など。

次にその情報を、カテゴリーごとにまとめます。例えば、時系列に並べると…

①ミイラに使われていた↓②ローマ時代↓③中世↓④ジャンバルネ↓⑤ナイチンゲールなどというように順番に並べてみる。

あるいは、迷信的な使われ方、薬理的な使われ方、精神的な使われ方など使用方法で分ける。もしくは、自分の一番しっくりくる内容から並べてみる。

このようなことを行ってみると、「ラベンダー・アングスティフォリア」という精油が、ただ鎮静作用、誘眠作用だけではない何かを持っている、と思えてきませんか？　さらに、自分自身の印象や、クライアントなど他の人たちの印象的な言葉を残してもＯＫです。

以前、スクールの生徒さんが「ラベンダーは嫌いです。お節介だから」と言ったことがありました。この「お節介」という言葉が、

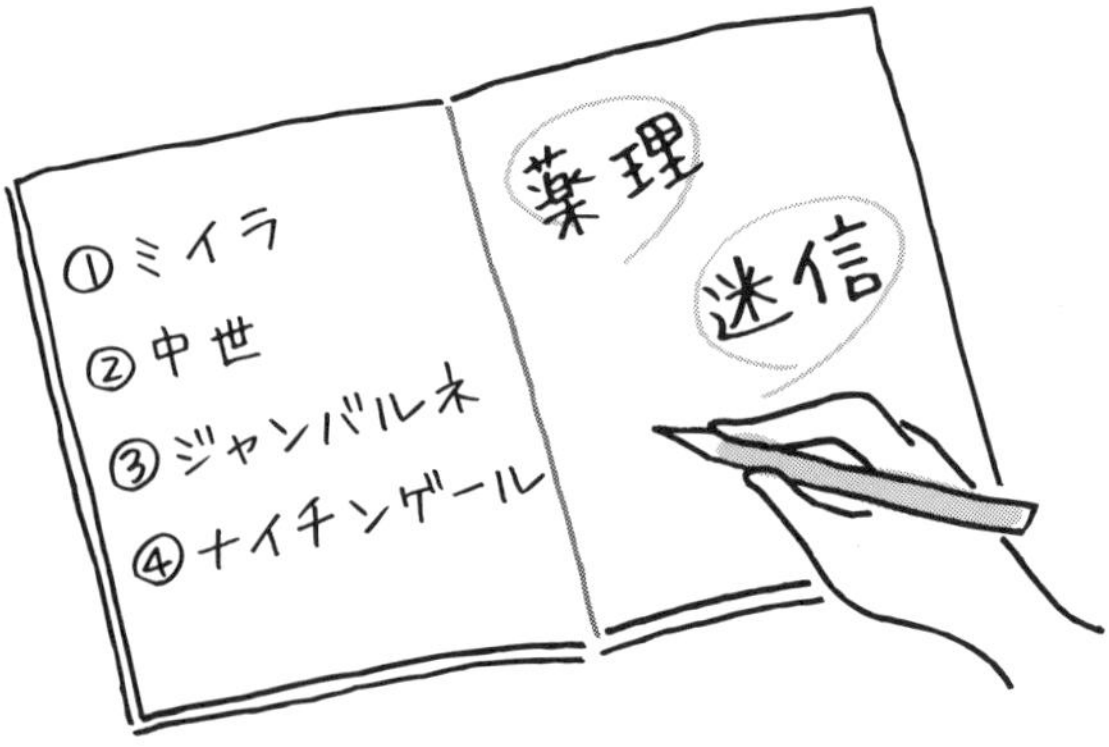

ラベンダーの持つ優しさと包容力を強く感じさせると思いました。それはどこか母性のような印象です。母の持つ優しさと包容力を心地よく感じる時と、お節介と感じる時があるのは、母親の愛をありがたいと感じる時と、お節介と感じる時があるのと同じではないでしょうか。このような出来事も書き足してみてください。

では、次にラベンダーのメッセージをみていきましょう。

ラベンダーの学名「Ｌａｖａ」には「洗う」という意味があり、ギリシャ時代、入浴習慣が持てなかった人たちは、ラベンダーの香りをつけることで、清潔を保っていたそうです。実際にラベンダーには、抗菌作用、抗ウィルス作用、病気予防、鎮静作用などがあります。それらが身体だけでなく心も穏やかにし、嫌なことを洗い流してくれる…。

ラベンダー精油には、〝本来の自分を取り戻す〟というメッセージがあると私は感じています。自分を守るためにつけてきた鎧や刀、言い訳、罪悪感…これらを洗い流し、素っ裸の自分になろうよ、と。〝本来の自分を取り戻す〟とだけ聞くと、「なぜそうなるの？」「どこにそんな作用があるの？」と思うかもしれませんが、学名には歴史があり、歴史と薬理作用を多面的に考えてみると、そんなメッセージがみつかります。

【精油名】
「ラベンダー・アングスティフォリア」Lavandula angustifolia
【科】シソ科
【抽出部位】花穂
【主な成分】
エステル類（酢酸リナリル）、モノテルペンアルコール類（リナロール）
【治療特性】
鎮痙攣作用、鎮痛作用、鎮静作用、抗鬱作用、筋肉弛緩作用、血圧降下作用、瘢痕形成作用、皮膚組織再生作用、抗炎症作用、抗菌作用
【適用例】
不眠・睡眠障害、不安症、ストレス、うつ病、興奮症、皮膚疾患（湿疹、乾癬など）、にきび、火傷、掻痒症、リウマチ、高血圧、筋肉痛
【禁忌事項】特になし

○紫色　○寒い地域で育つ　○標高の違いで成分に差が出る
○学名の「Lave」には「洗う」、「angustifolia」は「細い葉」の意味
○中世には傷を洗い清めるために使われた
○古代エジプトではミイラ作りにも防腐剤として使われた
○ローマでは出産時に使われた
○枝に「邪悪な視線」をそらす力があると考えられている
○ペスト予防に使われた　○頭を休める、慰めと呼ばれていた
○ナイチンゲールが野戦病院の患者の入眠に使っていた
○ニコラス・カルペパーは水星が支配していると考えた
○ジャンバルネ博士は「虚弱でデリケートな子ども」や「ショックやトラウマのある人」は就寝前のアロマバスをすすめた
○感想「ラベンダーは嫌いです。お節介だから」etc…

精油のメッセージ「本来の自分を取り戻す」

もう一つメッセージの例を挙げてみましょう。

精油の中ではとても高価で希少な「ローズ」。クレオパトラが好んことを前述していますが、彼女だけでなく多くの女性がローズの誘惑に弱いと思うのです。

ローズは、ギリシャ神話の愛と美と性を司る女神〝アフロディーテ〟が誕生したと同時に生まれた花とされており、ローズとアフロディーテはギリシャ神話を読むとセットで出てきます。ちなみに、ローズの支配星は金星です。金星は別名〝アフロディーテ〟と呼ばれています。占星術では〝愛と美〟を意味する星として扱われます。

では、アフロディーテはどんな女性だったのでしょうか。絶世の美女といわれ、すべての男性を虜にしなければ気が済まない、過激なまでの情熱家としても有名でした。そこから、ローズが持つ「愛」の意味が少しみえてきませんか？

それは、誰かを愛すること、誰かに愛されることでしょうか？　それとも、自分を慈しみ愛することでしょうか？

これをメッセージとしてみていくことができます。ローズのメッセージは、おそらく、私とあなたとでは解釈が違ってくると思います。それで良いのです。

この「精油のプロフィール作り」に正解はありません。基本的な情報、さまざま知識、実際に感じたイメージなどから、自分なりの精油のメッセージをみつけてください。

メッセージはひとつでなくても構いません。これが、アロマアナリーゼを行う際に必要になる精油の知識です。同じ精油の同じ作用に対して、人によって反応が違うことがアロマセラピーの複雑さでもあるのですが、プロフィールを充実させればその理由が分かるし、分析できるようになっていきます。

私も含めて多くのアロマアナリーゼを行うセラピストが、たくさんのアロマセラピーに関する本を読んでいます。精油の本だけでなく、植物学、フラワーエッセンス、ギリシャ神話、世界史、日本史、調香、インド哲学、東洋医学…ｅｔｃ。アンテナを高く張り、必要な情報をキャッチし続けることもプロフィールの充実、アロマアナリーゼのセッション時の分析の充実につながることを知っているからです。ただし、インターネットの情報はおすすめしません。キーワードを入れれば、関連情報が一度に検索できるので大変便利ではありますが、その正確さは本ほどは保証できません。手間もお金もかかりますが、図書館を利用するなどして、本を参考にプロフィールを充実させてみてください。

まずは、自分が一番好きな精油を1本手に取り、プロフィールを作ってみましょう。それができたら、さらに1本、次の1本、と少しずつ増やして自分の精油事典を充実させていきます。自分で作成した精油のプロフィールを見れば、薬理作用だけでなく、精油にはもっと多種多様な役割があるのだということが深く理解できるはずです。

私はこの作業を3年間続けていました。始めた当時はここまで自分の考え方もまとまっていませんでしたから、ただ目についたものを書き留め、本を読んでは書き出し、時々まとめていました。そして、クライアントが選んだ精油に対して、作成したプロフィールの中から必要そうなことだけを伝えていました。その度に、〝精油は常に肯定的にフォローしてくれる〟〝精油はそれを選んだことを否定したり、咎めることはない〟ということを実感しました。

第一章で紹介した、私が選んだ「プチグレン」。良い香りだなぁと嗅いでいたら「自律神経失調に良い」という効果があると知りました。耳鳴りを改善し、メニエル氏症候群を未然に防いでくれた精油です。プチグレンが持つ自律神経調整作用は、交感神経と副交感神経のバランスを取る作用です。本来、自律神経は闘争や逃走のための休息をコントロールする神経です。ですからプチグレンには、ただ休息を促すだけではなく、「今は頑張り時だよね。もう少し頑張るために、少し休もうか」と囁いてくれるような優しいメッセージがあると思うのです。

〝頑張っているね。でも、頑張るために少し休もうか〟と、私の在り方を肯定してくれ、さらに乱れた自律神経を改善してくれようとする…。精油は本当に優しい存在です。

反対の経験もあります。

アロマセラピーを勉強し始めた頃、「クラリセージ」が大好きでした。甘い紅茶のような優しい香りは、優雅で気品があり、優しい女性のようでした。勉強を始めた頃はまだＯＬでしたから、リラックスのゴールデンコンビである酢酸リナリルとリナロールが欲しかったのでしょうね。ところが、仕事を辞め開業して2年目に入る頃から、クラリセージの香りが鼻につくようになり、優しく感じていた甘さが、甘ったるく頭が痛くなる香りに感じられるようになったのです。この時は、深く考えずに「嫌いだな…」くらいにしか思わなかったのですが、その後、健康診断で子宮筋腫が見つかったのです。自覚症状もなかったので驚きましたが、「これか！」と思ったのです。

クラリセージには、ジテルペンアルコール類のスクラレオールという有名な分子が含まれます。何が有名なのかというと、「エストロゲン様作用」です。女性ホルモンに似た形の分子を持っているのです。ですから、エストロゲンの分泌量が減ることで起こる不調、「更年期障害」「月経困難症」「ＰＭＳ」などの時に使うと、脳はエストロゲンが入ったと勘違いして、不調が改善するといわれています。しかし反対に、エストロゲンが原因で起こると思われる「乳がん」「乳腺症」「子宮筋腫」「子宮内膜症」などの人は、使うと症状が悪化する恐れがあるといわれています。私に子宮筋腫ができたために、エストロゲン様作用のある精油を、脳と身体が拒否していたのです。ちなみに、クラリセージには「自分の内側をみつめる」というメッセージがあると私は考えています。

この時、「なんて素晴らしいんだろう。こんなに素晴らしいものが世の中にあったのか！」と感激した覚えがあります。補給したり避けたり、私に色々なことを静かに教えてくれる。

これが精油の素晴らしさです。さらに、精油が好きになったのではないでしょうか？「精油のプロフィール」を作ることで、精油のキャラクターがいきいきと何かを訴えかけてくることを感じられたかと思います。その声をどのように受け取って、メッセージとして伝えていくのか。これこそが「精油の翻訳家」の仕事です。

次の章では、精油の声を届けるための方法、アロマアナリーゼ実践法を紹介します。

精油のプロフィール❻

クラリセージ
〜Clary sage〜

学名▷*Salvia sclarea*
科名▷シソ科
抽出部位▷葉、花
抽出方法▷水蒸気蒸留
注目ポイント▷学名「Salvia sclarea」は「明るい視界」を意味する。
メッセージ▷「自分の内側をみつめる」

実践！精油のプロフィールを作ってみよう

あなただけの「精油のプロフィール」を作ってみましょう。
例を見ながら、好きな精油2本から初めてみてください。

〈用意するもの〉
ノート、ペン、精油、精油の本など

STEP1	【精油名】【科】【抽出部位】【主な成分】【治療特性】【適用例】【禁忌事項】など、基本情報を書き出す。
↓	
STEP2	自分が知っているその精油の知識をすべて書き出す。学名の意味、植物の姿形、歴史、神話、物語、五行、アーユルヴェーダ etc
↓	
STEP3	カテゴリーにまとめてみる。 例えば、時系列、使用法など。
↓	
STEP4	自分やクライアントが感じた印象や 使用感なども書き加える。
↓	
STEP5	精油の翻訳家として、 メッセージを自由にみつけてみる。

この「精油のプロフィール作り」に正解はありません。
自分の感覚で作り上げてください。

例-①

【精油名】「ペパーミント Mentha × piperita」
【科】シソ科
【抽出部位】全草（根以外）
【主な成分】モノテルペンアルコール類（l- メントール）ケトン類（l—メントン、イソメントン）
【治療特性】血圧上昇作用、血管収縮作用、強壮作用、刺激作用、肝臓強壮作用、鎮掻痒作用、鎮痛作用、抗炎症作用、冷却作用、健胃作用、抗吐き気作用
【適用例】消化不良、かゆみ、低血圧、かゆみ、日焼けあと、風邪、インフルエンザ、頭痛、飲み過ぎ、肩こり、関節炎、神経痛
【禁忌注意事項】ケトン類を含むため、神経毒性がある。乳幼児、妊産婦、てんかん患者、高齢者には使用しない。また冷却作用があるので広範囲に使用する場合は注意が必要。

○ギリシャ時代、ローマ人は浴用に用いた
○アテネ人は強さを表す香りとして腕に香らせていた
○学名「Mentha」はラテン語で「mente(思考)」、「piperita」は「ペッパー（辛いもの）」の意味　○世界中の温暖な地域生息
○生育速度が速いので「running glass」と呼ばれる
○母乳を減らす効果があり、乳房の腫れ、肥大に有効
○鼻から吸い込むと記憶力が向上する
○ 14 世紀には歯を白くするとして、タバコの匂い消しに使われた
○伝統的に予知夢をもたらすと信じられている　○支配性は水星
○ギリシャ神話では妖精ミンターが薬草に変えられたとされる
○エジプトの香水「キフィ」に入っていた
○西暦 200 年に中国から円山という僧が日本へ苗木を持ち込んだ

精油のメッセージ
「スピードとコミュニケーション、交流を増やす」

例-②

【精油名】「レモン Citrus limon」
【科】ミカン科
【抽出部位】果皮
【主な成分】モノテルペン炭化水素類（d-リモネン、β-ピネン）、テルペン系アルデヒド類（ゲラニアール）、脂肪族アルデヒド類、ラクトン類
【治療特性】抗菌作用、殺菌作用、結石溶解作用、ビタミンP様作用、健胃作用、消化促進作用、肝臓強壮作用、駆風作用、浄化作用
【適用例】吐き気、空気清浄、集中力低下、血行促進、伝染病予防、ニキビ、ヘルペス、リフレッシュ
【禁忌注意事項】フロクマリン類を含むので、光感作作用を引き起こす可能性がある。塗布後4～5時間は紫外線を当てないこと。

○12世紀にアラビア人がスペインに持ち込み、十字軍がヨーロッパ各地へと持ち帰る　○コロンブスが壊血病予防に航海時に船に乗せ、アメリカに渡り、日本に渡る。
○学名「Citrus」は、ギリシャ語「kedros」（この実は黄色で香りも良く、食べると甘い）に由来
○フランスの軍医ジャンバルネは殺菌力に言及
○メディア地方から来たので「メディアのリンゴ」と呼ばれる
○古代人は衣服に香りを付け、虫除けにした
○ハーバリストのローベルは、果汁は「メランコリー」を癒すとした
○脳の海馬状隆起を活性化し、集中力を高めるとされている
○ターミナルケア病棟では、気分の落ち込みや恐怖を持つ患者の心のケアに用いられる
○感情的な混乱と疑惑を一掃し、安心感と信頼感を得ると考えられる
○支配星は月

精油のメッセージ
「これまでの成果を認め、自分自身を信じる」

例-③

【精油名】「ローズマリー Rosmarinus officinalis」
【科】シソ科
【抽出部位】花と茎葉／葉
【主な成分】酸化物類（1.8 シネオール）、ケトン類（カンファー）、モノテルペン炭化水素類（α - ピネン）、モノテルペンアルコール類（ボルネオール）
【治療特性】去痰作用、粘液溶解作用、免疫調整作用、抗気管支炎作用、肝臓強壮作用、胆汁分泌促進作用、脂肪溶解作用、筋肉弛緩作用
【適用例】集中力アップ、記憶力アップ、感染症予防、粘膜の炎症予防、消化促進、健胃作用、解毒作用
【禁忌注意事項】ケモタイプカンファー及びベルベノンは、ケトン類が多いため神経毒性があり、高齢者、乳幼児、妊婦、授乳中の産婦、てんかん患者などに使用しない。

○和名「万年郎」は永遠の青年という意味　○西洋でも東洋でも薬用として使われた　○学名「Rosmarinus」は、ラテン語「ros（しずく・露）」と「marinus（海）」の合成語
○体内の液体のうち最も強力な成分が分離した精液が精油である
○「ローズマリーがあるわ。思い出を呼び戻すために」（ハムレット）
○ギリシャ人とローマ人にとっては、愛と死を象徴する神聖な植物。今でも葬式に使われる　○ギリシャの学生は試験勉強中にローズマリーを編み込み、記憶力を高めた
○枝は悪霊を寄せ付けないとされているので、ジプシーは戸口にぶら下げる習慣がある　○フランスの教会や大聖堂では燃やして使用
○若さを取り戻す薬「ハンガリアンウォーター」の原料
○心を軽く楽しくするため、葉の束を布に入れ右腕に巻く風習

精油のメッセージ
「過去の傷は癒えている。記憶にとらわれない」

例-④

【精油名】「ネロリ Citrus aurantium ssp. amara」
【科】ミカン科
【抽出部位】花
【主な成分】モノテルペンアルコール類（リナロール）、モノテルペン炭化水素類（リモネン、β-ピネン）、エステル類（酢酸リナリル）、セスキテルペンアルコール類（ネロリドール）
【治療特性】抗不安作用、抗鬱作用、神経バランスの回復作用、抗菌作用、鎮静作用
【適用例】更年期障害、PMS、スキンケア、不眠症、神経性の緊張
【禁忌注意事項】特になし

○ 17世紀、ネロラ公国の王妃アンナ・マリアが好んで使ったため、ネロラの香り「ネロリ」となる
○ローマ皇帝暴君 ネロから由来したと考える人もいる
○学名「aurantium」はラテン語の「橙」。「aurum（黄金）」と「aurora（オーロラ）」は関連語
○うろたえやすい、ヒステリック、ビクビク怖がる、興奮しやすい人に良いとされる
○ハイヤーセルフとつながり、心身ともに深く鎮静させ、ストレスを軽減する
○ペストや熱病の撲滅に使われた　○売春婦の象徴だった
○花嫁の純潔の象徴。ブーケに使われる
○世俗的な愛と神聖な面の両方を持つ
○「創造性が高まる」と考えられる
○優雅でフローラルな一方、苦味がグラウンディングを進める

精油のメッセージ
「現実と夢のバランスを取る」

例-⑤

【精油名】「サンダルウッド
Santalum album/Santalum austrocaledonicum」
【科】ビャクダン科
【抽出部位】木部・幹
【主な成分】セスキテルペンアルコール類（α，β - サンタロール）
【治療特性】鬱滞除去作用、心臓強壮作用、静脈鬱血除去作用、鎮静作用
【適用例】リラックス、不眠症、神経の緊張、気管支炎、スキンケア、瞑想、咽頭炎
【禁忌注意事項】ホルモン依存型癌疾患、乳腺症などには使用しない

○ Santalum album は絶滅危惧種としてインド政府管理下にあり、入手困難
○根を他の植物に寄生させ、水分、養分を得て成長し、自らも光合成をする半寄生植物
○学名「Santalum」はサンスクリット語「 candana（香木の一種）」
○精油に使用されるのは、心材といわれる内奥部のみ
○精油の樹齢は 30 ～ 60 年の木から取られれる
○古代インドでは宗教儀式に用いられ、万能薬とされていた
○紀元前 15 世紀ベーダの注釈「ニルクタ」にも記載がある
○慢性気管支炎、咳に良い
○すべてのチャクラを整え、穏やかなグラウンディングを促す
○考え過ぎの心を鎮め、心と身体とスピリットを統合する
○現実を受け入れるよう促し、「今、ここ」を教えてくれる

精油のメッセージ
「経済的、社会的な安定を得る」

Let's TRY

1本目プロフィール ▶「　　　　　　　　　　」（1番好きな精油）

【科】

【抽出部位】

【主な成分】

【治療特性】

【適用例】

【禁忌注意事項】

【その他の情報】

【印象】

【メッセージ】

Let's TRY

2本目プロフィール ▶「　　　　　　　　　」(2番目に好きな精油)

【科】

【抽出部位】

【主な成分】

【治療特性】

【適用例】

【禁忌注意事項】

【その他の情報】

【印象】

【メッセージ】

〈第二章まとめ〉

香りの心理分析＝アロマアナリーゼに必要な精油の知識は？

Point 1

精油の基本情報

これまでにスクールや本で学んだ精油の基本情報が、
「精油のプロフィール」の基盤になる。

Point 2

さまざまな角度からの情報

歴史、神話、植物の形状、五行 etc。さまざまな角度の情報を収集し見ていくことで、精油が立体的になる。

Point 3

香りの印象、出てくる感情などを感じる

自分自身やクライアントが感じた印象、出てきた言葉や感情なども重要なエッセンス。自分なりに精油が持つメッセージをみつける。

第三章

セルフ&クライアントに

実践！・香りの心理分析

アロマアナリーゼ

セラピストが思う、アロマアナリーゼの魅力

では、実際に〝香りの心理分析＝アロマアナリーゼ〟の実践法をお伝えしていきます。

何度もお伝えしている通り、〝アロマアナリーゼ〟は精油を使った心理分析法です。精油を用いた心理分析法は他にもたくさんありますが、アロマアナリーゼ最大のポイントは、クライアント自身が精油のイメージを言葉で展開していくところ。セラピストは精油の翻訳家として、クライアントが展開した香りのイメージにぴったりの精油のメッセージを伝えていきます。

アロマアナリーゼを学ぶ養成講座に通い、アロマアナリーゼを実践するセラピストを、〝アロマアナリスト〟と呼んでいます。

アロマアナリーゼの実践法を紹介する前に、全国のアロマアナリストたちがアロマアナリーゼを支持する理由を聞いてみました。大きく分けて、３つの理由がありそうです。

1　アロマセラピーに自信が持てる

アロマセラピーを学んだという人でも、精油の知識に自信があると本心から言える人は意外と少ない、ということは前述の通りです。精油はとても複雑で、覚えることや学ぶ事が広過ぎるため、どんなに勉強しても完璧に「分かった」と思うことがなかなかできません。

前章で紹介した通り、アロマアナリーゼでは、精油ひとつひとつのプロフィールを作ることを大切にしています。成分、科、採油部位、生産地、薬理作用、学名、五行分類、占星術、歴史、ギリシャ神話…ありとあらゆるデータから精油を理解していくことで、そのうち、それぞれの精油にある〝輪郭〟がみえてきます。そうなれば精油への理解はぐっと深まり、使い方が自ずと分かるようになります。そしてこの過程で、「精油には多くの側面があり、すべてを理解しようとしなくてもいいんだ！」と思えるとずいぶん楽になるようです。さらに、「たくさんの側面があるからこそ、より精油に興味が湧いて好きになる。もっと知りたくなる。だから、アロマアナリーゼは楽しい」という気持ちになるアロマアナリストが多いようです。

このように、精油を知り、対話し、感じて、精油を自分自身の感覚で捉えることができるようになると、アロマセラピーに自信が持てるようになります。

2　自己肯定感が高くなる

実は、アロマアナリストから一番多く寄せられた意見は、「自己肯定感が高くなる」でした。「自分の本音や潜在意識を精油が代弁してくれることで、自分を客観的に認められた」「思いがけずに出た自分の言葉から本音が分かり、自分自身を認めることができた」など、理由はさまざまです。

〝自己肯定感〟とは字の通りで、〝自分を肯定する感情〟のことです。

あなたの〝自己肯定感〟はどうですか？　高い、それとも低いと感じるでしょうか？　何かを始めたり、続けたりする時には、この〝自己肯定感〟がないと過剰に不安を感じたり、時には惨めな気持ちになってしまうことがあります。

アロマアナリーゼを学ぶ課程において、自分自身に対して多くの〝セルフアロマアナリーゼ〟を行っていただきます。潜在意識から出てきた言葉と、自分が作った精油のプロフィールの中のメッセージがリンクした時、「自分の感覚は間違っていなかった！」と、自分で自分を認めることができます。その積み重ねが、自己肯定感を高めることにつながるのだと思います。

3　行動が変わる

思考に気をつけなさい、それはいつか言葉になるから。
言葉に気をつけなさい、それはいつか行動になるから。
行動に気をつけなさい、それはいつか習慣になるから。
習慣に気をつけなさい、それはいつか性格になるから。
性格に気をつけなさい、それはいつか運命になるから。

この、マザー・テレサの言葉をご存知でしょうか？　アロマアナリーゼでは、自分自身の〝思考〟と〝言葉〟を何度も繰り返し深く引き出していきます。それが自分の思考癖、口癖、行動パターンに気づくことにつながり、そのパターンを解消していく行動につながります。

ある受講生がアロマアナリーゼのセッションを受けた時のこと。セッションを受ける前は、〝フットワークが軽く、行動的〟だと自負していましたが、セッション中に彼女から出て来た言葉は真逆でした。そして、「今まで随分無理をしていたんだな」と気づいたそうです。以来、「フットワークが軽く、行動的」というパターンを見直し、とても楽になったそうです。

気づけば行動が変わります。行動が変われば運命も変わっていく…と、私は思っています。

顕在意識・潜在意識・深層心理とは？

ここからは、アロマアナリーゼのセッションで使用する用語を説明していきます。

アロマアナリーゼは、潜在意識と深層心理にアプローチするメソッドです。この潜在意識と深層心理の違いはご存知ですか？

私たちの行動は、意識的に行われています。その行動の元となるものが〝顕在意識〟といわれる〝表面的に認知することのできる意識〟です。これは、「私はこんな性格です」「私はこんな人です」と、自分で意識できている部分です。

そして、顕在意識の対義語が〝潜在意識〟。これは、〝自覚している意識ではなく、無自覚や無意識による行動の元〟となるもの。実は、行動や思考の9割が、この潜在意識によって決まっているといわれています。

〝深層心理〟とは〝潜在意識を動かしている心の状態、心の動き〟を指しています。例えば、「うっかり口から本音が出た」というのは、〝潜在意識〟の現れですが、〝深層心理〟は、さらにその潜在意識を動かしている〝心の状態〟のことです。

アロマアナリーゼのセッションでは、クライアントの口から出た〝潜在意識〟を裏付ける〝深層心理〟を精油が伝えてくれるので、その両方にアプローチできるのです。

アロマアナリーゼのセッションが確立する前、香りのイメージを聞き始めて間もない頃は、クライアントから出てくる香りのイメージの世界が心の奥の声を表しているという確信をいまいち持てないでいました。

しかし、あるクライアントが、「ベンゾイン」の甘い香りを、「まるで、優しくハグされているみたいなイメージです。甘えたくなるような…」と言った時、「これは、本心や願望、潜在意識を表しているな」と確信が持てたのです。

これは、心の奥では「誰かに甘えたい、頼りたい」と感じているということだと思うのです。クライアント自身が自分の悩みや課題を〝潜在意識〟では解決したいことを望んでいて、そのような働きをしてくれる精油を〝深層心理〟で選んでいる、ということ。

顕在意識では、自分がどれだけ自分自身に嫌気がさしていて、自分を否定しているように思えても、潜在意識ではいつも自分を応援している、ということです。

しかし、アロマアナリーゼのセッションの中で、「あなたの潜在意識は、こう言っています」とか、「深層心理はこうです」というような説明をすることはしません。それでも、クライアントの多くが「自己肯定感が高まる」と感じるのは、こういった一連の心の動きを実感するからだと思うのです。

そしてもうひとつ、アロマアナリーゼにおいて重要なことは、〝クライアントの心の中の言葉、つまり潜在意識を言語化しているのはクライアント自身である〟というところです。

クライアントは、〝自分にだけ響く言葉を使う〟ことが往々にしてあります。それが何かはセラピストには分かりません。ただ、クライアント本人だけがその言葉に反応し、心が揺れ、自分を肯定する言葉として受け取ることができるのです。

「コーチング」と「カウンセリング」の違い

次は、「コーチング」と「カウンセリング」についてお話しします。

アロマセラピーと心理学の組み合わせは、親和性が高く相性が良いことは、これまでも述べてきましたし、アロマアナリーゼ以外にもさまざまな手法が実在します。しかし、アロマアナリーゼが他のセッションと明らかに違うのは、実はクライアントの潜在意識から生まれる言葉を引き出す手法〝質問〟なのです。

アロマアナリーゼセッションをしていて、よく驚かれるのは、この質問についてです。「質問に答えているだけで、どんどん世界が見えて来ました」「質問がすごいと思いました」「その質問に秘密があると思います」というように、セラピストが次々に繰り広げていく質問が、セッションではとても重要な働きをします。

「アロマアナリーゼは、高度なコーチングです」と、最近私は紹介しています。

〝コーチング〟という言葉を聞いたことがあるでしょうか？　スポーツの〝コーチ〟という言葉は耳にするかと思いますが、昔は四輪馬車を制御する鞭(ムチ)のことをコーチと呼んでいたそうです。そのうち、指導者や指導全般を指す言葉として使われるようになりました。

〝コーチング〟とは〝指導をすること〟を意味しています。定義は、〝その手法が確立されていて、質問による対話を通して自らの行動を促すこと〟とされています。だとすると、アロマアナリーゼはコーチングそのものです。ただ、通常のコーチングと違うのは、アロマアナリーゼは、課題や悩みを明言しなくてもよい、開示しなくてよい点です。なぜなら、アロマアナリーゼの終着地点は、〝問題解決〟ではないからです。このことは、後ほど詳しくお話ししますね。

「悩みが何か分からないけど、何だかモヤモヤする…」という場合でも、アロマアナリーゼではその悩みや課題が明確になり、スッキリすることがあります。それには、コーチングスキルが大いに関係しています。

人は質問されると、答えるという習慣があります。例え答えられないような質問であっても、答えを探そうと考えます。この一連の脳の作用が、頭の整理にとても役に立ちます。しかも、精油を嗅いだ状態で行われているので、脳はとても活性化されていて、質問の答えが驚くほどスルスル出てきます。

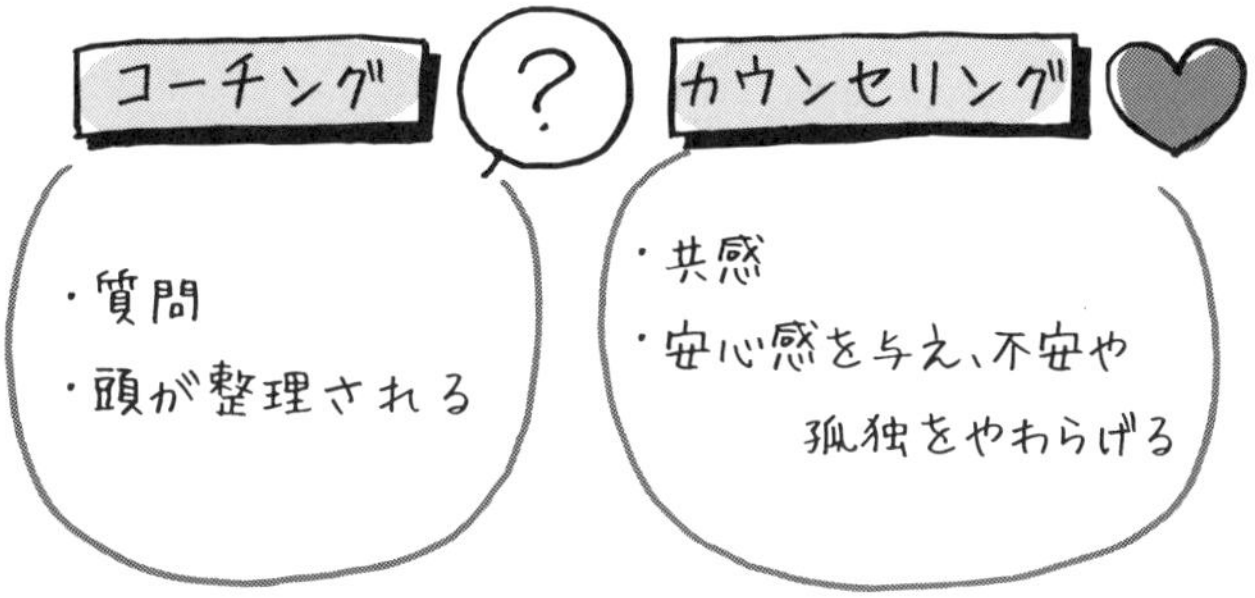

さらに、〝カウンセリング〟のスキルも加えています。

私はカウンセリングを学生時代に学んでおり、OL時代にはカウンセラーとして活動していたことは紹介しました。非常に身近な存在でしたが、〝カウンセリング〟の一般的な意味は〝クライアントの課題や悩みに対し専門知識、技術を持って相談援助すること〟とされています。

カウンセリングの最大の特徴は〝共感〟です。クライアントに共感することで、安心感を与え、孤独感や不安感を緩和します。

私は、カウンセリングで重要なことは、「あなたを否定するものは何もない」ということを知ってもらうことだと考えています。ですから、アロマアナリーゼでは、クライアントの言葉にはすべて「Ｙｅｓ」で答えることを前提としています。

例えば、「その精油は男性ですか？　それとも、女性ですか？」と質問した時、「人間ではなくて、妖精です」と、クライアントが答えた場合。「妖精ですか？」と、驚くのではなく、素晴らしい感性だと尊重の念を持って、「妖精ですね」と受容的に答えます。

人は肯定されることによって心の扉を開きます。クライアントから次々に湧き出る言葉には、素晴らしいメッセージが込められています。アロマアナリーゼは、コーチングとカウンセリングのスキルを併せ持つ高度なセッションなのです。

行動が変われば、運命が変わる

最後に〝行動学〟を説明します。

マザーテレサの言葉にあった通り、〝思考が変われば行動が変わり、行動が変われば運命が変わる〟のです。

ここでの行動とは、クライアントが自分の言葉を使うことを指します。

クライアントが選んだ精油に対して、ただセラピストが精油のメセージを伝えるだけなら、精油のプロフィールカードや冊子を作成して渡せば済む話です。しかしそれでは、〝香りの心理分析〟にはなりません。

クライアントに自分の言葉で、精油の印象、イメージを語ってもらう。それは、ありきたりな「良い香りです」とか「落ち着きます」というレベルではなく、精油の中にあるクライアント独自の「世界」を創造してもらうことが非常に重要です。

初めてアロマアナリーゼに出合った人は、最初は質問の内容に戸惑います。

「その香りのイメージは何色ですか？」

「男性ですか？　女性ですか？」

「何歳ですか？」

「職業は？」

「どんな服装ですか？」

「誰と一緒ですか？」

「そこはどこですか？」ｅｔｃ…


次々にテンポ良く繰り出される質問。しかし、聞かれるままに答えるうちに、心の中に精油の香りが具体的なイメージに変わっていきます。晴れやかに、伸びやかに、あるいは重く、深く、そんな印象を自分の言葉で語ることで、想像を創造するのです。私は過去述べ３０００名以上の方にアロマアナリーゼのセッションを行ってきました。しかし、誰一人として同じ精油の世界はありませんでした。

アロマアナリーゼのセッションをする度に感じることがあります。それは、〝人の行動をどれだけ拘束しても規制しても、心の中は縛れない〟ということ。心は、いつでも自由なのです。

質問内容を見てもらうと分かる通り、アロマアナリーゼの質問では、香りから人物を想定して、知っている人かのように語っていただきます。香りを感じて、自分の潜在意識とつながり、自由な世界を創造する。これこそ、アロマアナリーゼの行動学です。これは単純なようでいて、これまであまり自分に許可したことのない行動ではないかと思うのです。なぜなら、〝感じたことを感じたまま、制限なく好きに表現すること〟は、大人になると芸術家でもない限り、なかなか許されないからです。

〝自分の言葉によって解放され、自分の心が満たされていく〟。これを、専門用語ではオートクラインと呼びます。元々は生物学の言葉で、日本語に訳すと〝自己分泌〟。細胞から分泌された物質が、細胞自身に作用するということです。

自分の言葉が自分に沁み渡っていく。そして自分に何らかの効力を発揮させていく。精油でもなくセラピストでもなく、他の誰かでもなく「自分」が「自分」に影響を与えることができる。これは、私が学生時代に学んだ、「私はできる！」という「セルフエフィカシー＝自己効力感」につながります。これもアロマアナリーゼの重要な効果の一つです。

実践！セルフアロマアナリーゼ

では、いよいよ、自分自身に行う「セルフアロマアナリーゼ」の手法から紹介します、

精油の香りから想像する世界をクライアントが自らの言葉で語ると、そのうち潜在意識が解放されます。アロマアナリーゼを受けた人の中には、「占いより当たる」とおっしゃる方がいらっしゃいますが、占いより当ります。なぜなら、占いのようなデータや統計ではなくて、自分自身から出てきた潜在意識、本心だからです。さらに、いつでもそれらが自分を応援してくれているということが分かれば、強く、穏やかになれる気がしませんか？　そしてもっと自分を好きになれるはずです。

まずは、自分自身の潜在意識や深層心理を知るための「セルフアロマアナリーゼ」の方法からご説明します。この方法は、一人で悩んでいて答えが出ない時、行き詰まった時に実施してみると、意外な自分の心に触れ、先の行動や考え方が見えることがあります。

〈用意するもの〉

○ノート&ペン
○精油のプロフィール
○精油6～12本

〈精油例〉

○ラベンダー・アングスティフォリア　○イランイラン　○フランキンセンス
○サイプレス　○ネロリ　○サンダルウッド
○ペパーミント　○ローズ　○ミルラ
○ベルガモット　○ローレル　○パチュリ

ここでは精油は6～12本としていますが、好きな本数で大丈夫です。精油の種類に決まりもありません。自身でお持ちの好きな精油で行ってください。

私はクライアントに行う時は最後に香水を作って渡しているので、揮発度に応じて便宜的にグループを分け、3本選んでいただいていますが、セルフアロマアナリーゼでは1本だけでもOKです。本数は最初は6本から始め、慣れてきたら12本に増やすのがおすすめです。

〈進め方〉

精油の中から気になる香りを1本選びます。

精油は直感で選んでください。好きな香り、気になる香りを選びます。選んだら、その精油に対して香りの心理分析＝アロマアナリーゼを行います。

まず、精油の香りを嗅ぎます。そして順に次の質問を順にして、ノートに質問の答えを書いてください。

質問①「この香りの色のイメージは、何色ですか？」

※イメージができない場合は、暖色か寒色かで答えてください。

質問②「この香りのイメージは男性ですか、女性ですか？」

※人物のイメージができない場合は、風景や景色のイメージで答えてください。

質問③「その女性（男性）は、何歳くらいですか？」※年齢不詳でもＯＫ。

質問④「その人物の職業は何ですか？」

質問⑤「どんな服装ですか？」

質問⑥「どんな性格でしょうか？」

質問⑦「他に何が見えますか？　その場所はどこですか？」

※あるいは「他に誰が見えますか？」

質問⑧「そこには初めて来ましたか？　何をしに来ましたか？」

質問⑨「その人は、周りの人からはどのように思われていますか？」

質問⑩「その人に会いたいと思いますか？」「会ったら何をしますか？」

ここで、広がったイメージを収束させていきます。

〈質問の解説〉

いかがでしたか？

これらの「質問」には非常に重要な意味があります。順に解説していきましょう。

質問①「この香りの色は、何色ですか？」
質問②「この香りは男性ですか？　女性ですか？」
質問③「その女性（男性）は、何歳くらいですか？」

★「色」「性別」「年齢」を聞く理由

これまで気分や症状に合わせた精油の活用方法に慣れている方には、精油を〝イメージ〟することと自体が最初は難しいと感じるはずです。そのため、イメージ脳に切り替えるための導入として、この3つの質問をしています。

「色」を聞かれて、イメージができなかったとしても、暖色系、寒色系として選ぶことができます。性別も二者択一ですので容易です。ただし、性別がイメージできない場合もあります。

性別が分からないという多くの方は、「天使」や「妖精」のような人物以外のものでもOKです。「年齢」も、若いか年配なのかという選択でも結構です。ここで、香りを自由にイメージすることの楽しさ、面白さを脳が感じてくれたら、その後のイメージは次々に溢れてくるでしょう。

質問④「職業は？」
質問⑤「服装は？」
質問⑥「どんな性格でしょうか？」

★「職業」「服装」「性格」を聞く理由

その香りに人物として息吹を与え、いきいきと動き回らせ、言葉を発し、表情を見せることを目的にしています。そして、この人物（香り）が語りかけてくれることを期待します。

質問⑦「他に何が見えますか？　その場所はどこですか？」※あるいは「他に誰が見えますか？」
質問⑧「そこには初めて来ましたか？　何をしに来ましたか？」
質問⑨「その人は、周りの人からはどのように思われていますか？」

★「周りの風景」「周りの人物」を聞く理由

固定の人物像（あるいは風景）に対して質問を続けていると、徐々にイメージが固定化し過ぎることがあります。そうなると、想像の世界から離れて現実の世界に戻ってしまい、「この答え変かな？」「ちょっと違うかな？」と、頭で考え始めてしまいます。それはアロマアナリーゼにとって好ましい状態ではありません。そのように感じてきたら、ビジョンとフォーカスを変えます。

ビジョンというのは〝視点を変える〟ということですが、テレビカメラでいえば「パン」といわれる動きです。左から右、右から左へと景色を平行移動させます。例えば、ある女性のイメージを広げていたけど、「これ以上何も出てこないな」と感じたら、他に誰かいるか、そこはどこなのか、何か見えるものはあるのか？　と質問をしてみてください。

一方、フォーカスを変えるというのは、〝焦点を変える〟ということです。テレビカメラでいえば「アップ」か「引き」です。例えば、海岸に立って海を見ている男性だった場合、海にフォーカスしてみます。海は何色ですか、海は穏やかですか？　あるいは、全体像を見てみます。海はどこまで続いていますか？　などです。このように視点を移して、さらにイメージを広げて、新しい気づきを促します。

私が以前、養成講座に通うアロマアナリストにセッションを行ってもらった時、ある精油のイメージを〝和装の女性〟に例えました。その女性はバスを待っているのですが、その後の動きがまったくなく、「その女性はバスに乗った後どこに行きますか？」と、視点を切り替えてもらったにも関わらず、動きがまったく出てこないということがありました。

しかしこれにはとても深い意味がありました。私自身が、「どこかに行かなければならない」と感じているけど、「本音はどこにも行きたくない。動きたくない」と思っていたからです。それを分析された時には、「そうだったのか！」と、その当時の息苦しい状況が晴れた覚えがあります。

また、精油からイメージした人物がどのような場所にいるのか、どのような他者といるかを聞くことで、自分自身の現在置かれている状況や環境が客観的に見えることがあります。

質問⑩「その人に会いたいと思いますか？」「会ったら何をしますか？」

★「会いたいかどうか」「会ったら何をしますか？」を聞く理由

その人物に会いたいか、会ったら何をしたいか、というのは、〝今この精油を必要としているか？　この精油に期待することは何か？〟ということを聞いています。

「会いたい」と答えた場合は、その精油を必要としているということです。また、答えたイメージや状況を「実行に移す時期にきている」場合が多いです。

「会いたくない」と答えた場合、必要がないわけではなく、自ら手を出すことはないが、精油から手を伸ばしてもらえれば使いたい、というような距離感だと考えられます。実行にうつすためにまだ悩んでいたり、もう少し時間を必要としていると考えられます。

「会ったら何をしたい？」という質問の答えは、とても重要です。「会ったら」というのは、目の前にいたら、ということです。この質問は「この精油を使ったらどうなれる？」あるいは「この精油で何を実現したい？」ということを聞いています。この答えこそ、現在、精油を通じて実現したいことです。つまり潜在意識と非常に近い答えということです。

★人物が出てこない場合は？

イメージの中で「人物」は出て来ず、風景、景色だけが出てくる、という場合もあります。その時は、次のような順序で質問をしてください。


「そこはどこですか？」

「そこに自分自身がいますか？」

「どこから見ているのでしょうか？」
※そしてここで、一旦景色を具体的に光や風が感じられるくらいのイメージに広げます。
「他に何が見えますか？　誰か他に見えますか？」

「そこに行きたいですか？　行ったらなにをしますか？」

ここで、収束させていきます。

いかがでしたか？　どのような香りの世界が広がったでしょうか？
人物が出て来た場合も、風景のみの場合も、質問に答えたノートを読み返すと、あなたがその精油に抱く「イメージ」が書かれているはずです。つまり、この「イメージ」こそが、現在のあなた深層心理、本心です。ここで、あなたが作成した「精油のプロフィール」の中から、精油のメセージと回答した精油のイメージを照らし合わせてみてください。プロフィールから分かる精油の側面と、あなたがイメージした精油の作用は、リンクすることがあるはずです。例えばこんな感じです。

例：ベルガモット
Q「色は？」　A「オレンジ」
Q「性別は？」　A「女の子」
Q「年齢は？」　A「16～17歳」
Q「何をしている？」　A「学生、遊んでる」
Q「服装は？」　A「ミニスカートにTシャツ。はつらつとしていて、可愛い」
Q「どんな性格？」　A「裏表がなく、明るい」
Q「どこにいますか？」　A「芝生のある、グラウンドのような場所」

Q「なにしていますか？」　A「チアリーディングの練習」
Q「周りには誰かいますか？」　A「仲間」
Q「仲間ではどういうポジション？」　A「リーダーではないけど、ムードメーカー」
Q「会ってみたい？」　A「会ってみたい」
Q「会ったら何をしますか？」　A「話してみたい」
Q「どんな話？」　A「今、何が楽しいの？　とか、この子の興味のあることを聞きたい」
Q「どんな答えが返ってくる？」　A「なんでも楽しいの！　って笑顔で答えてくれそう」

ベルガモットは、私の「精油のプロフィール」のメッセージでは、「完璧主義から解放する」とか「手放して新たなものを手に入れる」です。私が精油のイメージを広げた結果で、気になったフレーズは、「リーダーではないけどムードメーカー」ということ。もしかしたら私自身、リーダーとして何かをしなければいけない、と気負い過ぎているのかもしれません。それよりも、後ろからポンポンを振って「ゴー！ゴー！」と楽しんでいる人で良いのかもしれません。明るくて楽しそうなこの女の子が、「そんなに完璧じゃなくてもＯＫ。要らないものは、捨てちゃえ！」と教えてくれている。そんなイメージができませんか？

こんなふうにリンクづけていくと、この精油を選んだ意味が見えてきます。これが、セル

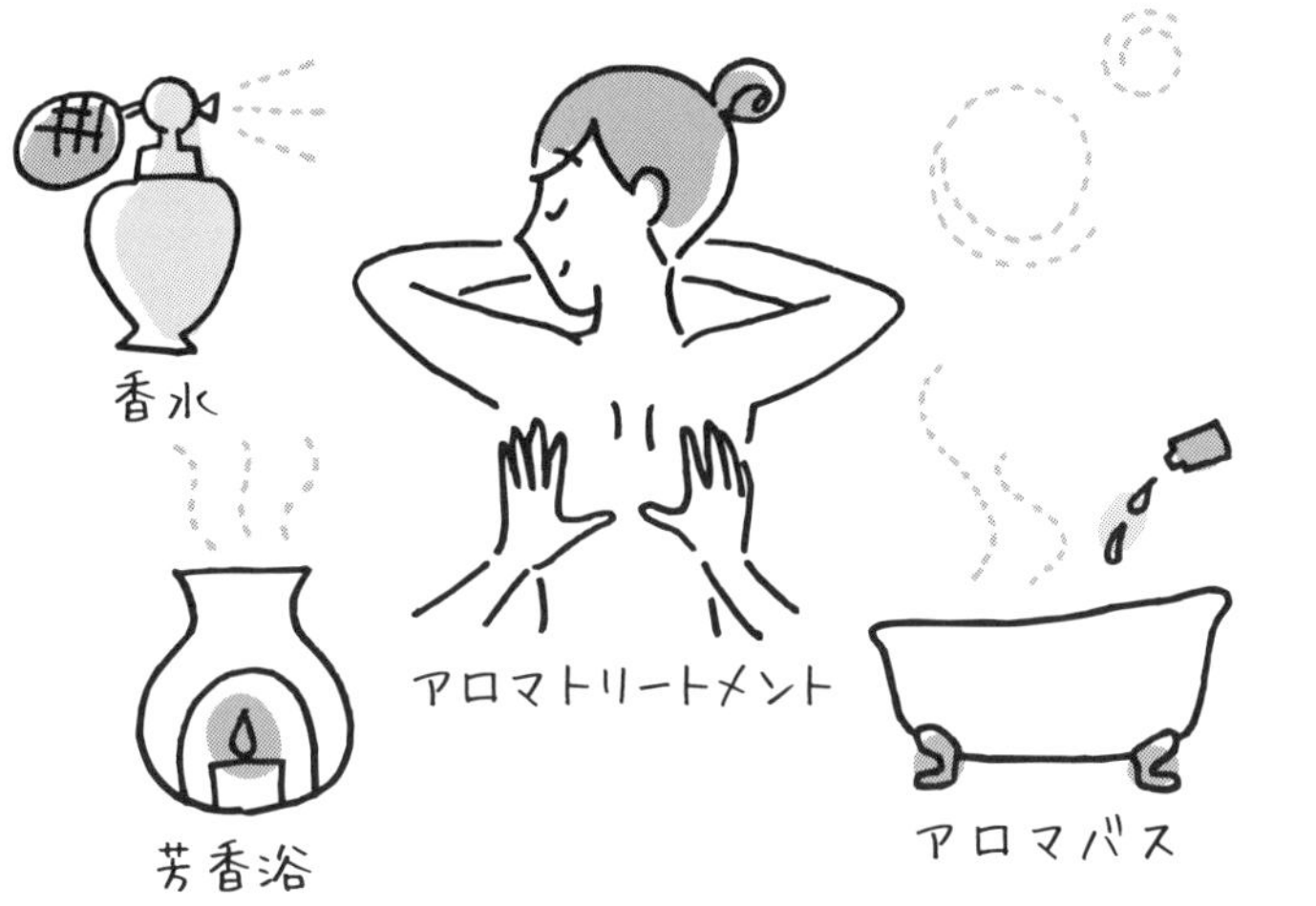

ファロマアナリーゼです。自分の心の中の声が聞こえてくると、「私はこんなことを求めていたんだ」「ここへ向かいたいと思っていたんだ」ということに気づけます。

だからといって、絶対にそちらに向かわなければならないわけではありません。「その方向に進みたいと教えてくれた精油を使うと、目指す方向に進んでいきますよ」と教えてくれているだけです。

そうなりたければ、自分が選んだ精油を使えばよいのです。私は、選んだ精油で香水を作って毎日使うことをおすすめしていますが、香水以外にも、アロマバス、アロマトリートメント、芳香浴、どんな使い方でもＯＫです。セッションでは、「この香水を使っていると、運命が変わりますよ」と伝えています。

ではここで、本章の冒頭のマザー・テレサの言葉を思い出してみてください。

思考に気をつけなさい、それはいつか言葉になるから。
言葉に気をつけなさい、それはいつか行動になるから。
行動に気をつけなさい、それはいつか習慣になるから。
習慣に気をつけなさい、それはいつか性格になるから。
性格に気をつけなさい、それはいつか運命になるから。

香りで思考が変わり、言葉が変わりました。すると、自分の言葉に忠実に生きようとする思考が働き、行動が少しずつ変わります。〝選択が変わる〟という言い方もします。これまで選ぼうとしても選べなかったものを選ぶようになるのです。するとそれは習慣になり、性格になり、運命になるのです。選んだ精油を使った途端に変わるわけではありませんが、そこに向かっていくことになります。

セルフアロマアナリーゼに慣れてきたら、きっと家族やお友達にもきっと実践したくなると思います。

Let's TRY

「セルフアロマアナリーゼ」

早速、セルフアロマアナリーゼを行ってみましょう。
回数や頻度に制限はありません。

〈用意するもの〉
精油６本以上、ノート、ペン、精油のプロフィール

〈方法〉
①直感で気になる精油を１本選ぶ。
②その香りに対して下記の質問に答え、ノートに回答を書き出す。
③作成した精油のプロフィールと照らし合わせ、心理分析を行う。

質問①「この香りの色は、何色ですか?」
(※イメージができない場合は、暖色か寒色かで答えてください)
質問②「この香りは男性ですか?　女性ですか?」
(人物のイメージができない場合は、風景や景色のイメージで答えてください)
質問③「その女性（男性）は、何歳くらいですか?」
(年齢不詳でもOK)
質問④「職業は?」
質問⑤「服装は?」
質問⑥「どんな性格でしょうか?」
質問⑦「他に何が見えますか?　その場所はどこですか?」
(※あるいは「他に誰が見えますか?」)
質問⑧「そこには初めて来ましたか?　何をしに来ましたか?」
質問⑨「その人は、周りの人からはどのように思われていますか?」
質問⑩「その人に会いたいと思いますか?」「会ったら何をしますか?」

実践！クライアントへのアロマアナリーゼ

では次に、他者に行うアロマアナリーゼセッションの方法を紹介します。

基本的な進め方は、セルフアロマアナリーゼと同じです。私のように香水を作ってお渡ししたければ、精油は1本ではなく、３本選んでもらうとブレンドすることができます。

ただ、クライアントへアロマアナリーゼを行う場合、気をつけてもらいたいことが1点あります。それは、〝クライアントと同じ景色を見る〟ことです。

これはとても重要なことです。セッションで行う質問の回答には、正解はありません。できるだけ自由にイメージを広げて、心の中にある世界をどんどん見せてもらうことが目的です。そうであれば、質問者はこのイメージと同じイメージを自分の頭の中に描く必要があります。

「青い海が見えます」と言われた時に見ている海は、空から見ているのか、砂浜から見ているのか、船の上から見ているのか、遠くから見ているのか、夏の海なのか、冬の海なのか？この条件が一つでも違えば、クライアントと違うイメージになってしまいます。

ですから、ただ聞くのではなく、〝同じイメージを描くために質問をする〟ということを意識して聞いてください。もしクライアント側が「イメージできません」と答えた場合は、丁寧に質問を繰り返し、どんな小さなことでも良いので、イメージが描けることを引き出してください。中途半端なイメージのまま終えてしまうと、セッションも中途半端に終わります。当然、質問者の柔軟な受容力も大切な条件となります。

クライアントへの質問が終わったら、次の手順でフィードバックを行います。

【STEP1】 選んだ精油の薬理作用、一般的な使用方法の説明

例）「ラベンダー・アングスティフォリア」は、鎮痛作用、鎮静作用、血圧降下作用、傷を治癒する作用や筋肉痛を和らげるような作用があり、安眠効果は有名です」など。

【STEP2】 クライアントが広げたイメージをまとめます。クライアントは思うままに語りますので、自分が何を語ったかを覚えていないこともあります。

例）「この香りからあなたがイメージしたことをまとめますね。20代の女性で、フランスの小さな農園でブドウを摘んでいるところです。ブドウはワイン用で、代々続くワイン工場に卸しています。彼女は自分の仕事に誇りを持っていて、いつかは自分のワイン工場を持ちた

いと考えています。会ったら、将来の話を語り合いたい。彼女に聞きたいことは、なぜ、そんなに頑張れるの？　ということ。その答えは〝好きなことに限界はないよ〟でした」

【STEP3】精油のプロフィールの中から、必要そうなメッセージを伝えます。作成した中から、クライアントに必要そうなものをいくつか紹介する程度で良いです。全部伝えると情報量が多すぎて処理ができません。相手の様子を見ながら調整しましょう。

例）「ラベンダーには〝本来の自分を取り戻す〟という意味があります」

【STEP4】クライアントの香りのイメージと、精油のプロフィールやメッセージとの関連を見て、精油がクライアントに伝えたいことを伝えます。ここがアナリーゼ＝分析にあたるので、大切なポイントになります。

例）「ブドウ農園で働く女性は、いつか自分の工場を持ちたいという夢を持っており、その夢を実現することに向けて頑張っています。ラベンダーには〝本来の自分を取り戻す〟という意味があるとお伝えしましたが、もしかしたら、この女性のように〝好きなことだから頑張れる〟という生き方が本来の自分だと考えているのかもしれませんね」

注意点としては、【ＳＴＥＰ３】の精油のメッセージを伝えないまま、【ＳＴＥＰ４】のアナリーゼ（分析）を始めてしまうと、「これは一体何？　占い？　それとも予言のようなもの？」という印象をクライアントに与えてしまう可能性があります。各ステップはしっかりと踏むようにしてください。

また時々、クライアントによっては「ピンとこない」と思われる方もいらっしゃいます。その場合、ＳＴＥＰ３〝精油のプロフィールから、必要そうなメッセージを伝える〟で、精油のメッセージをいくつか伝えてみてください。「こちらのメッセージの方がピンときますか？」と、改めて尋ねてアロマアナリーゼを再度進めても良いと思います。

アロマアナリストは、この時点ではクライアントの悩みや課題を知りません。ですから、どのような答えがクライアントにとって正解なのかは知りません。もしかしたら、見当違いの答えかもしれませんが、ここでは、クライアントの悩みや課題を解決することが目的ではないのです。

クライアントの心の声、潜在意識が「本人」に届けばよいのです。

考え方の方向性だけを示すことができれば大成功です。

アロマアナリーゼの存在価値

アロマアナリーゼは、クライアントの悩みや課題を解決することが目的ではないとお伝えしました。

では、何のために、何を目的に実践するのでしょうか？

アロマアナリーゼが誕生した過程は、一章で紹介した通りです。ですが実はその中に、私が〝ワインが好きだった〟という要素があります。ワインは、「秋の枯れ葉を踏みしめた時の香り」「チョコレートのようなビターな香り」などと香りを表現することがあります。ある日ふと、「精油のイメージを自分の

秋の枯れ葉
を踏みしめた
時の香り
チョコレート
のような
ビターな香り
WINE

言葉で表現してもらうために、ワインの表現法を精油にも応用できないだろうか？」と思いついたのです。この思いつきがきっかけで、形容詞で香りを表現してもらうようになりました。

そしてこの頃、私はアロマスクールの生徒にも、頻繁に精油を形容詞で表現してもらうことを行っていたのですが、ある時、選んだ精油に対して一人の方が、「強いけど…でも優しい。覆面レスラーのような優しさです」と例えました。すると、他の受講者たちも口々に「分かる〜！　すごく強いし体格も良いけれど、実は小さな子どもたちのために寄付をしていたり、お花を育てていそう！」と、盛り上がり始めたのです。

ちなみにその精油は、「ジャーマンカモミー

精油のプロフィール❼

ジャーマンカモミール
〜German Chamomile〜

学名▷*Matricaria recutita*
科名▷キク科
抽出部位▷花
抽出方法▷水蒸気蒸留
注目ポイント▷精油の色は青。チャクラで例えると第五チャクラ。
メッセージ▷「言いたいことが言えない」「自己表現」

ル」でした。独特の香りを苦手とする人が多い精油ですが、アトピー性の皮膚炎やアレルギー性のかゆみを抑えてくれます。香りは人をあまり寄せ付けないのに、接触における炎症を抑える作用を持っているのです。まさに〝覆面レスラー〟のイメージです。

実はこのエピソードをきっかけに、「人物にするとどんな感じですか？」という質問を加えるようになりました。盛り上がるだけでなく、その印象と精油の作用が不思議とリンクするので、面白かったのです。

相変わらずスクールの受講者に精油のイメージを聞いていたある日、人物を語りながら受講者が涙を流すことがありました。「なんかこの人物…私みたいです」と涙ながらに伝えてくれたのです。この時、〝人物像＝その人自身〟なんだということに確信を持ちました。そして、やはり〝自分の言葉で精油を語る〟ことに意味があると再認識したのです。

「この精油にはこんな意味があり、この精油を選ぶ人はこういう課題があることが多いですよ」と、セラピストが伝えるだけではここまで心に響きません。頭の中に広がる世界を自分の言葉で語るうちに、心の奥に眠っていた喜びや感動、悲しみや優しさが溢れ出てくるのです。そして、精油のイメージを広げていくと同時に、その感情が浄化され、増長されるのだと思います。

アロマアナリーゼのセッションは、精油を選ぶ、香りのイメージを広げる、その香りをどう使うかという全プロセスを、すべてクライアントの選択で進めていきます。

つまり、クライアントの選択が、クライアント自身の世界をつくっているという実感を持たせることができるのです。

悩みと向き合い、それを浄化し、昇華する。そして、今、これから「どうしていくのか」。それを選択するのは自分自身で、人生の主役は自分自身であることに気づけること。そして、自分の選択を信じて進むこと。

ここに香りの心理分析＝アロマアナリーゼの大きな存在価値があると考えています。

〝心に触れること〟への自覚

ここまでアロマアナリーゼの実践法やその魅力について書いてきましたが、どうしてもこのことは伝えておきたいと思い、この項を追加しました。

前述の通り、私は大学では心理学を専攻し、夜間のカウンセラー業務を行っていた時期がありました。その経験から、精油で容易に心を開けることに驚愕したものです。

〝心を開く〟ことは、本人が「開きたい！」と意識をしたとしても、とても難しいことです。にも関わらず、香りは簡単に心の奥を見せてくれます。私は、アロマセラピーのそこに惹かれていたので、セッションに慣れてきた頃、クライアントに対して次々に声をかけていた時期がありました。

「お客さまがお選びになった精油には、こんな意味があるんです」
「お客さまはもしかしたら現在、こういうことでお悩みなのかもしれません」
「お客さまの本心は、今の生き方を望んでいないようですよ」というように。

「精油にそんな意味があるなんて知りませんでした。面白いですね」

「その通りです、すごいですね」


ほとんどの方が喜んでくださったのですが、ある時同じように精油の意味をお伝えしたところ、それまでにこやかにお話ししていたのに怒って帰ってしまった方がいたのです。

「は？　私はただ気に入ったから選んだだけで、そんな意味ありませんから！」と、強い語気で否定されました。そこで謝ればよかったのですが、なんとか取り繕おうと「気に入った、選んだ。という時点でそのような意識が働くんですよ」と追い打ちをかけてしまったのです。当然、信頼は回復せず、二度と来てくださることはありませんでした。この時の教訓は、今でもアロマアナリーゼのセッションを行う際に活かされています。

つまり、他人の心に触れるということは、容易ではないということです。

精油を使おうが、どんなに素晴らしいツールを使おうが、心に触れることをたやすく考えてはいけません。心には、自分ですら見たくないほど奥に隠しているものがあります。不意に出てきたそれらに、きちんと向き合えるかどうか。私だって自信がありません。だから順を追って、心の蓋を開いていくことが大切になります。

アロマアナリーゼは、〝クライアントの言葉〟という鍵を使い、心の蓋を開けていきます。

心の持ち主が開けるので、ショックを和らげるという工夫がしてあります。

そして、とても重要なポイントは、フィードバックの際に必ず、精油の薬理作用・心理作用など、一般的な精油情報を伝えるという点です。「簡単な精油の知識くらい、みんな知っていることだから」と省略することがあれば、それは間違いです。このプロセスは、セラピストとクライアントの信頼関係構築のための重要なステップです。クライアントの中には、セッション中に精油のイメージを質問されたけど、「それが一体何なの？」と感じていたり、言われるがままに答えたけれど、「大丈夫なの？」と、不信感を抱く人もいます。

セラピストがきちんと精油の説明をすることで、「あ、この人は精油のプロなんだ」「精油に詳しい人なんだな」と、クライアントの心のモヤモヤがひとつクリアになるのです。


心に触れる。心に触れさせていただくことは、信頼関係あってこそです。

「アロマアナリーゼだから大丈夫！」というものではありません。アロマアナリーゼを他人に実施する場合は、必ず「心に触れる」という自覚を持って、クライアントとの信頼関係を作ることにまずは意識を持ってください。

Let's TRY

「アロマアナリーゼ」

早速、自分以外の人にアロマアナリーゼを行ってみましょう。

〈用意するもの〉

精油 3 本以上、ノート、ペン、作成した精油のプロフィール

〈やり方〉

①直感で 3 本精油を選んでもらう。（1 本でも OK）
②それぞれの香りに対して、セルフアロマアナリーゼと同様の質問を行う。
③精油のプロフィールと照らし合わせ、心理分析する。
④下記の順番で結果を伝える。

【STEP1】

選んだ精油の薬理作用、一般的な使用方法の説明。

【STEP2】

クライアントが広げたイメージをまとめる。

【STEP3】

精油のプロフィールの中から、必要そうなメッセージをいくつか伝える。

【STEP4】

精油のプロフィールやメッセージとクライアントの精油イメージの関連を見て、精油がクライアントに伝えたいことを伝える。ここが「アナリーゼ＝分析」にあたるので、大切なポイントになる。

セッションの進め方【実例】

ではここで、私が行ったアロマアナリーゼの実例を紹介します。
私は香水を作るので、精油は3本選んでいただいています。1本の精油に対して、所要時間は大体5分くらいです。ぜひ、進め方の参考にしてみてくださいね。

アロマアナリーゼセッション 実例（クライアントS・A様）

12本の精油を並べ、その中から気になる精油を3本選んでいただく。
この日クライアントが選んだ精油は「ローズウッド」「イランイラン」「パチュリ」の3本。

選んだ精油1本目「ローズウッド」

Q「その香りがイメージする色は？」　A「桜みたいな、可愛いピンク」
Q「性別はありますか？　男性ですか、女性ですか？」　A「女の子です」

Q「その子は何歳ですか？」　A「5歳」
Q「どんな子どもですか？」　A「金髪、青い目、色白」
※「どんな？」という聞き方をすると、返事はさまざまです。
この例のように容姿について答えてくれるケースや、職業や性格を答えてくれるケースがあります。
Q「どこの国の子？」　A「フランスかイギリス…ヨーロッパ」
※「金髪」「青い目」なので、日本人ではないことが分かります。どこの国の子どもかを聞きました。
Q「どんな服装ですか？」　A「ワンピース」
Q「どんなワンピースですか？」　A「ちょうちん袖。ウエストから広がるスカート」
※「ワンピース」の雰囲気によってこの女の子のキャラクターが見えるかと思い、聞きました。
Q「そこは今の時代？」　A「少し昔。いや、結構昔。赤毛のアンの時代」
※服のデザインが古いと感じたので時代を聞いてみると、やはり過去の人でした。
クライアントの直接の知人ではないこと分かります。
Q「どんな女の子ですか？」
A「透明感がある。軽やか、笑顔が可愛い、人懐っこい。笑って近寄ると、みんなメロメロ」
※再び「どんな」子と聞くと、最初よりイメージが具体的になっています。
容姿だけでなく、性格やキャラクターが明確になっていることが分かります。

Q「周りに誰かいますか？」　A「この子が周りの人に近寄り、笑顔を向けている」

※キャラクターが具体的になったので、ビジョンを変えていきます。

Q「なぜそんなことをするのですか？」

A「周りの人たちが少し落ち込んで見える。その人たちの顔を覗き込むようにして、「元気？ハッピー？」と聞いて回っている。そうすると、みんな電気がついたように笑顔になる」

Q「意識的に行っているの？」　A「無邪気に、軽やかに行っている」

Q「その女の子をどう思う？」

A「すごく可愛い。軽やかで重さがない。指先で触れるとそこから色が変わる感じ」

【STEP1】1本目「ローズウッド」精油の薬理作用、一般的な使用方法の説明を行う。

「ローズウッドはクスノキ科の精油です。モノテルペンアルコール類の持つ、抗菌作用、抗ウィルス作用、抗真菌作用などの微生物に対する作用と、免疫刺激作用などから風邪予防や子供の風邪の緩和に用いられることがあります。また神経衰弱、神経疲労にも良いとされていて、リラックス作用も期待できます」

【STEP2】クライアントのイメージをまとめて伝える。

「5歳くらいのヨーロッパの少し前の時代の女の子です。笑顔が可愛く人懐こくて、少し沈んでいる雰囲気の大人たちの顔を覗き込み「元気?」「ハッピー?」と声をかける。まるで電気を灯すような感じ。ちょんちょんと指で触れると、そこから明るくなります」

【STEP3】精油のプロフィールからメッセージを伝える。

「ローズウッドは、〝育児放棄や虐待を受けた子どもを救う〟〝子どもの居場所をつくる〟精油といわれています。また、蛹が蝶になるような「脱皮」「変容」を表します」

【STEP4】クライアントの広げたイメージと精油のメッセージの分析、リンクを行う。

「自分の居場所を求める子どものための香りですが、その子どもが大人たちの灯りとなり、明るさを生む存在となっています。この子が、Sさんを元気付けてくれています。あるいは、明るさを与えてくれています。ある意味で「指導者」であったり「メンター」的な存在であるかもしれません。この子がSさんのアイデンティティを表しているようです。

さらに変容というメッセージもあるので、自身のステージが変わろうとしているのかもしれません。自分のアイデンティティを発揮して、やるべきことを行う時期だと示唆しているのでは?」

選んだ精油2本目「イランイラン」

Q「その香りがイメージする色は？」　A「橙」

Q「性別はありますか？　男性ですか、女性ですか？」　A「女性」

Q「年齢は？」　A「40代前半」

Q「どんな女性ですか？」

A「南の島にいそう。黒髪のソバージュをひとつにまとめている。ラテンな感じです！」

※「どんな？」と質問すると、返事はさまざま。容姿について答えてくれるケース、職業や性格を答えてくれるケースがあります。

Q「何をしている女性？」

A「踊っている」

Q「それはなんの目的がありますか？」

A「島の海の岩場で一人で踊る。楽器を弾く人もいる。観客もいるようです」

※南の島でラテン風な40代前半の女性が踊る姿を想像した時に、ダンスホールや発表会で踊っているわけではない。と想像したので、目的を聞きました。

Q「どうして踊っているのでしょう？」

A「好きだからやっているけど何か？」という感じ。周りの人にも踊って欲しい。男の人は音楽を嬉しそうに演奏している。この女性はエキゾチックビューティー。

Q「あなたそれを見てどう感じますか？」

A「寂しそうだけど美しい。嫌じゃない。愛がある感じ」

※ここで急に質問の答えになっていない、女性の雰囲気を語り出しました。これは、かなり具体的にこのキャラクターが見え始めた兆候です。

Q「その踊りを実際に見たことはありますか？」

A「頭の中では見たことがある。実際に見てみたいな」

Q「どんな時に実際に見てみたいですか？」

A「励まされたい時。全部包んでくれそうだから」

【STEP1】2本目「イランイラン」精油の薬理作用、一般的な使用方法の説明を行う。

「イランイランという名前は、「ａｌａｎｇ ｉｌａｎｇ」というタガログ語で、「花の中の花」という意味を持ちます。花の精油は、パラケルススの特徴類似説では頭に作用するので、鎮静作用、抗うつ作用、神経バランスを維持する作用、さらに催淫作用も期待できます。また、花は女性の象徴でもあるので、女性らしさを高めてくれるとも考えられています」

【STEP2】クライアントのイメージをまとめて伝える。

「南の島で一人で踊る40代の女性です。周りには人がいて、演奏をする人もいるが、ただ自分が好きだから踊っています。エキゾチックな美しさのある女性で、周りの人にも踊ってもらいたいと思っているが、一人で踊っているようです。その様子は寂しそうだが美しい。励まされたい時にその踊りを実際に見てみたい。理由は、包み込まれるような気がするから」

【STEP3】精油のプロフィールからメッセージを伝える。

「南の島の香りのイメージから、非日常のバカンス、もしくは現実逃避というメッセージがあります」

【STEP4】クライアントの広げたイメージと精油のメッセージの分析、リンクを行う。

「現実逃避とはいえ、現実から逃げるというよりも、今とは違う場所へ行く。つまり〝リセット〟であるとも考えらます。この女性はどこか神がかっていて、誰かの意図や誰かのためではなく、自分のために自分を実現するために踊っているようです」

選んだ精油3本目「パチュリ」

※通常、私のセッションでは3本目に関しては質問は行わず、メッセージだけお伝えしています。ここでは例として紹介します。もちろん、このように3本目も質問しても構いません。

Q「その香りがイメージする色は？」

A「茶色」

Q「性別はありますか？　男性ですか？　女性ですか？」　A「女性」

Q「年齢は？」

A「60代」

Q「どんな女性ですか？」

A「顔を隠すようなスカーフを巻いている。占い師かも」

Q「どんな占いをしていますか？」

A「シャーマンのようで、神の御告げを伝えている」

Q「どんな人がこの女性に会いに来ますか？」

A「位の高い、王さまや国を任されている人」

Q「評判はどうでしょう？」

A「ほとんど神様と同等の扱いで、王様も頭が上がらない」
Q「この人自身はこの仕事についてどう思っている?」
A「先祖代々この仕事をしていて使命感でやっていて、特に喜びもない」
Q「この人に会ってみたいですか?」 A「会ってみたいです」
Q「会ったらどうしますか?」 A「自分の未来を見てもらう」
Q「どんな答えが返って来ると思いますか?」
A「〝迷うことはない、信じるまま行け〟と言われる」

【STEP1】3本目「パチュリ」精油の薬理作用、一般的な使用方法の説明を行う。

「シソ科の葉の精油ですが、一回発酵させてから水蒸気蒸留法で採油されています。アジアで古くから用いられ防虫作用が高く、シルクの防虫剤としても使われていました。消化促進作用もありますが、過食を抑えるともいわれています。ホルモン様作用があるのでエストロゲン依存型の疾患がある場合は使用に注意が必要です」

【STEP2】クライアントのイメージをまとめて伝える。

「60代の女性で、シャーマンのような占い師。王様や国を治めるような人を相手に、神のお告げを伝える役割で、王様たちも頭が上がらない存在です。また彼女は、先祖代々この仕事を使命として続けており、特別な喜びなど感じていません。会ったら未来を占ってもらいたい。迷うことなく、信じるまま行け！　と言ってくれました」

【STEP3】精油のプロフィールからメッセージを伝える。

「パチュリのメッセージは、〝魂と肉体の統一〟。魂が望むことを、肉体が実現できていない。そろそろそれを実現したいのでは？　というメッセージです」

【STEP4】クライアントの広げたイメージと精油のメッセージの分析、リンクを行う。

「魂の求めることを肉体が実現しようとするなら、シャーマンのような占い師の女性が言う通り、迷わず信じるまま行け！　と言っているようです」

3本の精油のメッセージを統合していく

ここで、1本目の精油「ローズウッド」と2本目の精油「イランイラン」、そして3本目の精油「パチュリ」の意味を統合します。複数本選んでいただいた場合は、必ず統合した意味をお伝えしましょう。

「1本目のローズウッドは、周りの誰かの心をあたたかくするために無邪気に振る舞い、それによって自分のアイデンティティをつくり、次のステージに向かおうとしています。一方、2本目のイランイランは真逆。自分のためだけに踊っている大人の女性。Sさんの二面性を表しているようです。〝自分の楽しみだけでこの世界を実現しているの〟と周囲に思わせながら、実のところみんなを巻き込みたいと思っているのでは？　そして最後のパチュリは、魂の望むことを実現することに迷うことはない、信じるまま行け！　と言っています。

巻き込むために必要なことは、子どものような無邪気な明るさ。人々の心に明かりを灯すことだと知っている。それがS・Aさんの本当の役割であり、存在意義であり、本当に実現したいことなのかもしれませんね」

3本の精油をブレンドして香水をつくる

最後に3本の精油をブレンドして、香水にしてお渡しします。

これらの精油をブレンドした香水を使うことで、この香りを嗅ぐたびにそのメッセージを思い出してもらえます。思い出すことだけでも次に選ぶ言葉や行動が変わって来るはずです。

この小さなステップで、明るい未来に近づいていくことができます。

実例解説

【STEP1】の一般的な薬理作用や使用法から順に伝えることで、信頼関係を構築しながら、クライアントとの関係を近くしていきます。必ず1～4の順を追ってください。

精油の印象を聞いていく質問は、「どこまで続ければよいか分からない。終わらせ方が分からない」と感じる方が多いようです。クライアントが思い描く人物（景色）が共有でき、クライアントがその人物（風景）に何を感じているか、客観的にその人物（風景）を捉えていると感じた時点で終わらせるのがおすすめです。

要となる【STEP4】については、アロマアナリストによって解釈が変わります。ここが、精油の翻訳家としての大仕事になります。どのような翻訳をするかが大事なわけではなく、〝クライアント自身が、自分の言葉で何を語ったのか、その内容にはどのような意味があったのか〟を、クライアント自身が理解できれば良いのです。ですから、アロマアナリーゼの内容が絶対ではありません。クライアントが「よく分からない…」と感じれば、一緒に考えていってもよいですし、その時に答えが出なくてもOKです。一方的に進めるのではなく、クライアントに確認しながら進めると、お互いに納得のいくセッションが実現できます。

香りの心理分析 アロマアナリーゼQ&A

アロマアナリーゼのセッションを行う上で、
セラピストから多く上がる質問にお答えします。

Q1 誰でもアロマアナリーゼを行ってよいのですか？

A はい、大丈夫です。アロマアナリスト養成講座も開催していますが、講座に通わなければ行ってはいけないという訳ではありません。ただ、セッションを行う前に「精油のプロフィール」は作成して、精油のメッセージをみつけるようにしておきましょう。「精油のプロフィール」がないと、セルフアロマアナリーゼもクライアントに行うアロマアナリーゼも行うことができません。

Q2 精油は必ず 12 本使いますか？

A 何本でも OK です。ただ、精油を 3 本以上選んでもらう場合は、3 本以上用意しましょう。選んでもらう精油は、1 本でも構いません。決まりはないので、ご自身で自分のやり方を見つけていってください。ただし、「精油のプロフィール」は必ず作成するようにしましょう。
私の経験上、本数が多過ぎても少な過ぎてもクライアントの満足度が低くなる傾向があります。そこは注意してください。

Q3 セッションの後は、必ずブレンドして香水を作って渡さなければいけませんか？

A 香水を作って渡さなくても OK です。私が香水にしている理由は、日常でもその香りを使っていただき、セッションの時に気づいたことを思い出していただくためです。思い出せば、言動や行動が変化し、その先の明るい未来へとつながる可能性が高まります。

セッションだけで終わりでは、「アロマアナリーゼで行動を変える」ということまで実現しずらいかもしれません。どんな形であっても、その日選んだ精油を使って体験できるクラフトやアロマトリートメントなどを用意した方が、その後の変化やリピートの促進につながると考えています。

Q4 アロマアナリーゼのセッションは、どのくらいの分数行うのがベストですか？

A 1 本の精油に対する質問と答えは、セラピストがクライアントと同じ香りのイメージの景色が見えるまで続けるというのが大原則です。ただし、10 分以上になってしまうと、お互い集中力が落ちてきますので、できるだけ 1 本 10 分以内に収めたいです。

Q5 「その香りのイメージは何色ですか？」と質問した時に、とても細かく色の説明をクライアントがした場合、セラピストはそれをどのように捉えたらよいですか？

A 色、性別、年齢に関する質問は、セラピスト側が知りたい情報ではなく、クライアントが「イメージの世界」に入るための準備運動です。細かく説明したいクライアントには、「それだけの準備運動が必要なんだ」というゆったりとした気持ちで構えればOKです。

Q6 セッションの際、質問をするスピードはどのくらいのテンポがよいですか？

A できるだけテンポ良く質問を行いましょう。アロマアナリーゼでは、イメージを膨らませてもらうことが目的です。あまり長い時間考えさせてしまうと、潜在意識よりも思考が働き始めてしまって、潜在意識の言葉を引き出せなくなってしまいます。また、考え過ぎてイメージが広がらなくなる可能性も出てきます。「答えが出ないな」と思ったら、質問の言葉を変えたり、例を出して答えやすくするなどして、次の質問に切り替えてください。
クライアントが思考に入らないように気をつけてください。

Q7 クライアントの香りのイメージの風景をもっとみてみたくなり、中に入り過ぎてしまうことがあります。

A “同じ風景を見る”ことは大切なことですが、この質問を行う目的は、クライアントの中にある潜在意識を引き出し、言葉にしてもらうことです。
セラピストはクライアントと風景の共有をすると共に、精油の翻訳者として、ガイド的な自分のポジションを維持することも大切です。

Q8 精油のイメージを膨らませていくと、香りのイメージに実在の人が出てきてしまうことがあります。現実とごっちゃになってしまい、潜在意識なのかよく分からなります。

A 「ラベンダーさんの香りのイメージは何色ですか?」など、主語をあえて精油名にしてみてください。「ラベンダーさんの周りには、どんなものが見えますか?」など、イメージの世界の中に見えるものに誘導するとスムーズに運びます。

Q9 クライアントが、アロマアナリーゼのセッションにピンときていないと場合はどうすれば良いですか?

A 時間が経ってから何かに気づくこともあるので、変にとりつくろわないようにしてください。「あとで気がつくとことがあるので、香水(香り)を使い続けてみてください」と伝えて、セッションを最後まで終わらせてください。

Q10 気になる精油を選んだのに、香りのイメージが浮かばない場合はどうしたらよいですか？

A イメージを広げることが苦手な方はたくさんいらっしゃいます。質問を切り替えても、「これ以上広がらないな」と感じたら、質問を切り上げていつも通りの順番でアロマアナリーゼのセッションを最後まで行ってください。少ないイメージだけでも、クライアント自身が何かを感じてくれていることもあります。

Q11 精油のメッセージとクライアントの香りのイメージがつながらない場合はどうしたらよいですか？

A "Step3" で「精油のプロフィール」からいくつかの精油のメッセージを伝えた上で、"step4" で「精油にはこのようなメッセージがありますが、先ほどお聞きした精油のイメージとのつながりが私には分かりません」と正直にお伝えしてください。そして、「お客さま自身は、聞いてみて何か感じることはありますか？」とクライアントに聞いてみてもよいと思います。案外、クライアント自身は気づいていることがあります。

Q12 質問で出たクライアントのイメージを、うまく精油のメッセージと結びつけて伝えることができません！

A 繰り返しセッションを行い、感覚を掴んでいくしかありません。 また、「精油のプロフィール」を振り返り、内容に厚みと深みをさらに持たせ、多様なパターンに対応できるように精油を捉えられるようになりましょう！

Q13 セッションでクライアントの心が開いたことにより、その後のおしゃべりが止まらない時はどうすればよいですか？

A 始めに時間配分を説明し、時計を机に置いておく、超過料金をいただくなどの策を提示してみるとよいかもしれません。

Q14 セッション終了後の雑談の中で分析してしまうことがよくあります。こういう流れは、あまり良くないのでしょうか？

A 雑談をしながらセッションを行うと、決められた時間内でセッションを行うことができなくなってしまいます。セラピストとして自覚を持ちセッションを行うようになると、セラピストとしてのさまざまなスキルが格段と上がります。また、時間内で行うことは、依存関係などもつくりにくくなるので、意識して行ってみてください。

Q15 セッションが終わったあとで「実は…」と悩みを話される方が時々います。その時はどのように対応したらよいですか？

A アロマアナリーゼは、悩みや解決したい課題をお聞きしない手法です。もし悩みを相談したいという場合は、「別途カウンセリングを行いますよ」と促してもよいかと思います。カウンセリングメニューも準備して提示しておくと親切かもしれません。

〈第三章まとめ〉

香りの心理分析＝アロマアナリーゼ 実践のポイント

Point 1

セルフアロマアナリーゼ

まずは自分自身にセルフアロマアナリーゼを行う。そこで感じたこと、精油からのメッセージなどを体感してみよう。

Point 2

香りのイメージを共有する

質問を行いながら、セラピスト側もクライアントと同じ香りの世界を共有する。同じ世界を見られるかどうかで、その後の展開、分析が大きく変わる。

Point 3

主役はクライアント

精油を選び、イメージを言葉で語り、精油を使い、未来を選択するのはクライアント自身。自分の世界は自分がつくっていると実感することができる。

第四章

人が集まるサロンになるために

あなたは、「誰」にセラピーを届けたいですか？

人が集まるサロンに生まれ変わるには?

アロマアナリーゼのセッション、実際に行ってみていかがでしたか?

学んできたアロマセラピーの知識があるからこそ、オリジナルな「精油のプロフィール」を作成することができ、精油の翻訳家のようにメッセージを伝え、分析することができます。

「これまでに精油を学んできたことは、何ひとつ無駄ではなかった」と、自信が持てたと思います。そして、アロマセラピーが好きな方なら、もっとたくさんの人に「アロマアナリーゼを実践してみたい!」と感じたのではないでしょうか?

サロンやスクール、イベントなどでアロマアナリーゼを行えば、必ず喜ばれます。喜ばれるだけでなく、行えば行うほど、あなた自身の精油の知識がさらに深まるので、セラピストとしての活動がさらに活性化されるはずです。

この章では、サロンにアロマアナリーゼをどのように活用していくのか、そして、「人が集まるサロンになる」ための、私自身の集客の秘訣をお伝えしていきます。

セッションでは、〝同じ方向を見る〟姿勢が大切

精油を用意し、そのプロフィールが作成できたら、アロマアナリーゼは誰にでもすぐに行うことができます。「セッション」という形で、サロンのメニューに組み込むこともできるでしょう

例えば、対面セッションなら一時間で六千円～一万円くらいの価格で提供されているアロマアナリストが多いようです。また、クライアントが精油を持っていれば、オンラインでもセッションが可能です。その場合は、若干値段を下げている方が多いようです。

またアロマアナリーゼは「悩みを開示しなくても良い」という特徴があるので、グループセッションとして、5～6名に対して順番にアロマアナリーゼを行うこともできます。その場合は、二～三時間程度の時間で、一人当たり三千円～五千円くらいの価格設定をすることが多いです。私が月1回開催していたグループセッションは、毎回募集と同時に満席となり、地方や海外からもたくさんの方が参加してくれました。また、リピーターになってくれる方が多く、大切な時、転換期など必要な時期に合わせて受けてくれる場合が多いです。

トリートメントを行うサロンでメニューに取り入れるのであれば、セッションで選んでも

らった精油でブレンドオイルを作り、アロマトリートメントを行うのもおすすめです。自分で選んだ精油、しかもそれに大変意味があり、応援し励ましてくれる精油であれば、その日のアロマトリートメントはクライアントにとって、とても力を与えてくれるものになります。

施術後に「〝精油〟を感じましたか？　香りの印象はいかがでしたか？」と、聞いてみると、具体的に感じたさまざまなことをクライアントが語ってくれるはずです。

トリートメントの心地よさとの相乗効果で、セラピストが自分をバックアップしてくれているといつもよりも実感してくれるでしょう。それだけでも他のサロンとの差別化になりますし、クライアントにとっても特別なサロンになります。

私はお伝えした通り、６名程度のグループセッションを開催することがあります。グループセッションの場合、各参加者の好きな香りを一斉に挙げていただき、それに対してひとつずつアロマアナリーゼを行うという手法をとっています。

その際、参加者の中で初めに香りのイメージを話す方は、なかなかすぐにイメージの世界に没頭できない可能性があります。そこをアロマアナリストは十分理解した上で、できるだけ一緒に〝世界〟に入り込めるように、丁寧に話を聞いてあげる必要があります。この時、参加者全員に〝ここまで自由に香りの世界を広げて良いんだ〟と思ってもらうことも大切なポイントです。

「その香りの色は、何色ですか？」という質問も、いきなりすると「え？」と驚いてしまうので、「この精油を色で例えるとどんな感じですか？　寒色、暖色どちらでしょう？」と寒色、暖色の2択で答えやすくします。そこで、「暖色かなぁ？」と答えてもらったら、「それは、オレンジや赤のような色ですか？」と質問すると、具体的な色が出てきます。そして、「性別はどうですか？　男性っぽい、女性っぽい？」と質問し、「どちらかというと女性っぽいです」と答えてもらえたら、後は「何歳くらいでしょうか？」と、テンポ良く質問を繰り出していきます。最初の方だけ丁寧にサポートすれば、その後の人たちは流れが分かるので、「色は何色ですか？」だけで通じるようになります。

グループセッションが進むにつれ、参加者全員が、「精油に対するイメージって、人によってかなり違うんだ」「人と違っていてOKなんだ」と理解することができます。さらに、グループセッションの醍醐味として、他の参加者と仲良くなったり、連絡先を交換するなど、広がりをみせていくところがあります。アロマアナリーゼのセッション以外でも楽しい記憶が残ると、リピートしやすい心理状態をセットすることができます。

私はセッション後にそれぞれが選んだ精油で香水を作ったり、ブレンドオイルを作って持ち帰ってもらっていますが、クライアントが毎日使うことで、自分の言葉をまた思い出して、自分自身に言い聞かせる「オートクライン」効果が期待できます。それにより、アロマアナリーゼの効果が持続し、良い記憶と良い印象が残ります。

ここで、サロンやグループ、イベントなどでアロマアナリーゼのセッションを行う際の心得をお伝えしておきます。

私はサロンでカウンセリングやセッションなどクライアントの〝心に触れる〟時は、向き合うのではなく、〝同じ方向を見る〟姿勢が大切だと伝えています。向き合うと、クライアントと同じ場所で立ち止まってしまう場合がありますが、〝同じ方向を見る〟だと、同じ景色を見ながら別人格、別の視点を保つことができます。自分の人格（ポジション）をキープすることで、クライアントの心の声を冷静に丁寧にキャッチできると心得てください。そして、何度もお伝えしている通り、アロマアナリーゼは〝明るい未来〟をみるためのセッションであるという自覚を持っていてください。

1対1のセッションでは深い話になりやすいため、クライアントの悩みや課題をどうにかして解決してあげたいという気持ちになりがちです。さらに、〝良いことを言わなければ…〟というプレッシャーから、過剰にアドバイスしてしまうような経験は、セラピストなら誰に

でもあるのではないでしょうか。
しかし、実際に解決していくのも、解決すると決めるのも、クライアント自身なのです。人は他人を変えることはできません。ですから、解決の方向になんとかして向かわせなくても良いのです。決して、「〜すべき」とか「〜してはいけない」などとアドバイスしないように気をつけてください。
精油が私たちの行動や思考を否定することはありません。それが大変な道のりであったり、あるいは不正解に思えたとしても、それを選んだ人を否定したり見捨てることはないのです。〝精油がフォローしてくれる〟と、誰よりもセラピスト自身が信じてください。
クライアントの意思を尊重し、寄り添えるセラピストでいてくださいね。

セラピストとしての魅力、器を広げる方法

アロマアナリーゼが、サロンやグループセッションで有効に活用できることがお分かりいただけたかと思いますが、実は一番の効果は、実践するセラピストの魅力が最大化されるというところにあります。

「精油のプロフィール」を作成する時点で、これまで学び培ったアロマセラピー、精油の知識が総動員されることになります。この作業を繰り返すことで（精油のプロフィールは新しい情報が加わるごとにブラッシュアップしてください）、精油の多面性、多様性を頭で理解するだけでなく、実感が持てるようになります。そのため、精油に対する知識や理解が格段に上がり、精油を扱うプロとしての自信がつきます。

またセッションにおいては、クライアントに質問をして答えてもらうという〝声を聴く〟姿勢が自然にできるようになるので、カウンセリングに対する抵抗感が低くなります。質問を繰り返し、クライアントの話を聞くうちに、言葉への理解が深まることも感じられると思います。クライアントと話すことが苦手と感じる方こそ、アロマアナリーゼに向いています。

アロマアナリーゼを行う多くのセラピストが、「自信がついた、自己肯定感が上がった」

と感じてくれていますが、何か新しい能力を身につけたわけではありません。すでに持っているもの＝精油やアロマセラピーの知識を上手に活かすだけで良いのです。そして、何よりアロマアナリーゼは、あなたのセラピストとしての「器（うつわ）」を広げてくれます。

次の文章は、２０１４年５月８日の私のブログから抜粋したものです。

３月に作った自分のための香水「人気者で行こう！」が、今は甘過ぎる。あの時は、素晴らしい香りだと思ったのに、今は甘くて妙に安っぽい。「もう必要なくなったんだねぇ」と、香水につぶやいてみました。確かに、あの時の「このまま進んでいってしまっていいのだろうか？」という不安が今はなくなっているし、他人からの評価や批評もまったく気にならなくなっています。すごいですねぇ、精油って。

この香水を作った時の、セルフアロマアナリーゼは、「自分の意見や、発信することの影響力に対する躊躇」。だから香水の名前は「人気者で行こう！」にしました。心強いなぁ、と思いました。そして不安になるたびに、この香水をシュッと一振り。「よっし！　人気者で行こう！」と、気合いを入れてお仕事をしていました。おかげさまで、今となってはあの時の不安が嘘のように、そんなことを気にすることは無くなりました。そうすると…この香水が、良い香りだと思えなくなった。卒業です。じたばたしてみて、どうしようもなくなったら、精油がいるからね。そう思えるだけで、心強い。

過去の記事を読むと、自分がアロマアナリーゼのセッションで随分と助けられていることが分かります。そして、それによって自信をつけてきていることも分かる。

この時の悩みや苦しみを今は忘れてしまったけど、きっとつらかったのだと思います。今だからこそ笑って読めるけど、随分頑張ってたな、と思います。

アロマアナリーゼは、その時の心の状態や本心を表してくれます。本当は不安だった、無理していた、悲しかった、つらかった、実はチャレンジしてみたかったｅｔｃ…。そんな自分自身を認めていくのは、やはり〝自分〟しかいません。本心を見ないふりして無理して他の誰かを演じるより、〝元の自分〟に戻るほうが、より生きやすくなります。そして、自然体でいられるようになるので魅力が引き出され、周りに人が集まってきます。

アロマアナリーゼを行うことは、自分自身を知り、自分に戻るプロセスにもなっています。

あなたは「誰」にセラピーを届けますか？

さて、ここからは少し趣きが変わります。「せっかく身につけたアロマアナリーゼのセッションを自分にばかり行っていたのではもったいない。誰かのためにセッションを行いたい！」と思った時に、どうやってその「誰か」を見つければ良いのでしょうか。

ここからは、〝集客〟についてお伝えしていこうと思います。

私は２００６年にサロンをオープンし、アロマスクールも主宰しています。２０１４年には法人化し、おかげさまで10年以上サロンとスクールを続けることができています。

開業してしばらくはクライアントもゼロ、開店休業中という状態でしたが、日々ブログを書くことで小さなサロンが誰かの目にとまり、来店につながるということが続くようになりました。今でも私は、ブログをほぼ毎日書いています。２０１２年から始めたメルマガも読者登録が４０００名を超え、集客のほぼ１００％がブログとメルマガとなっています。

今は集客といえば「インターネット」を使う人が圧倒的に多いですよね。そして、その対極に「リアルな関係」という、実際に会って関係を深めていくという方法があります。この

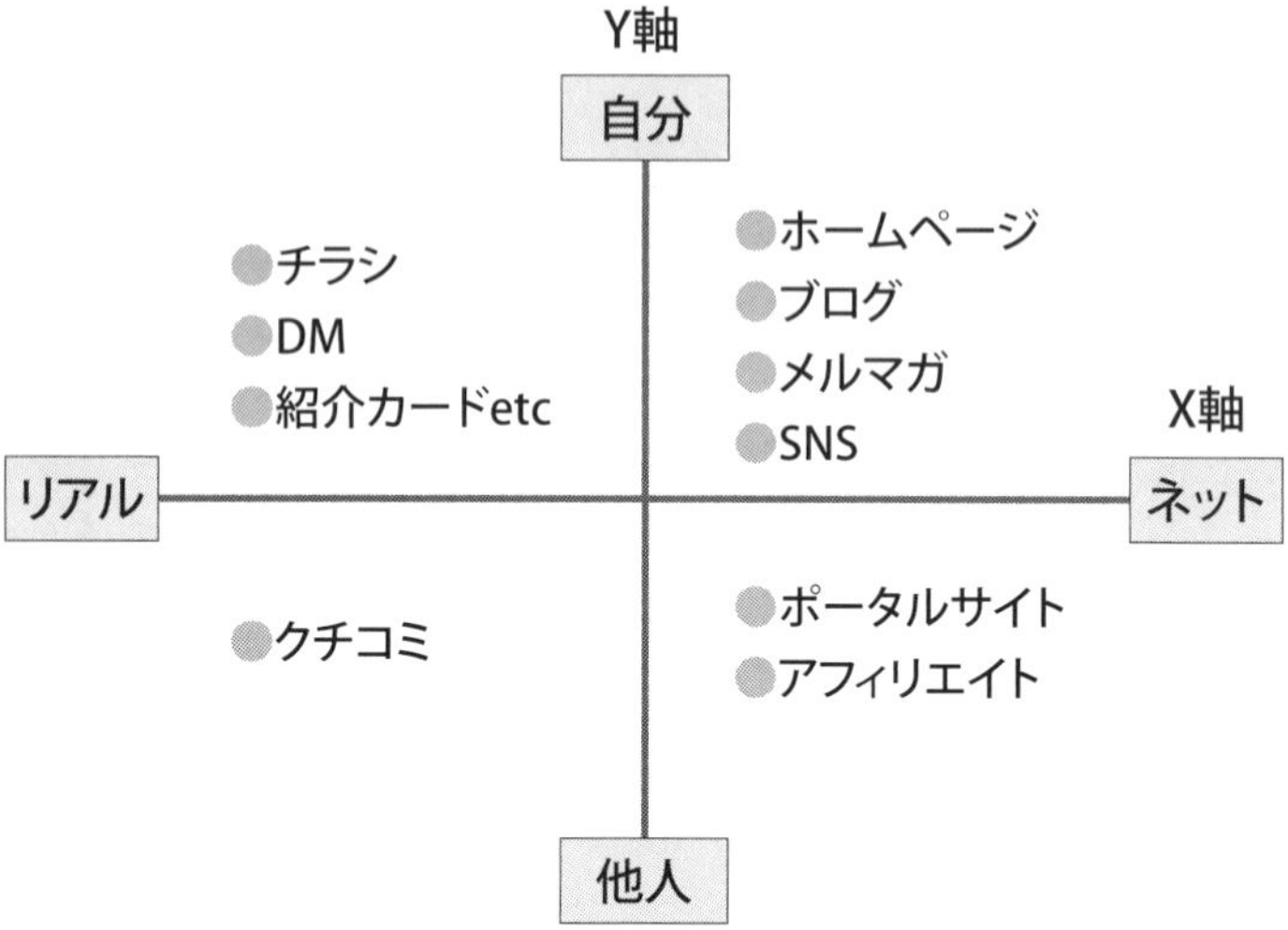

「ネット」と「リアル」をx軸とします。さらにもう一つ軸があって、自分で集客する方法と、他人が集客してくれる方法。これをy軸とします（上記図参照）

「ネット×自分」の集客方法は、自分で書くブログ、SNS、メルマガ、ホームページなど。一方「リアル×自分」の集客方法は、ハガキや手紙によるDM、チラシなど。そして「ネット×他人」の集客方法は、アフィリエイトというインターネットの紹介システムの利用やサロン情報、スクール情報を集積しているポータルサイトの利用など。また、「リアル×他人」は、クチコミや紹介などがあります。

このように大きく4つの分類で考えてみると、やるべきことが見えてきます。私は、文章を書くことが得意なので、もっぱら「ネット×自分」を集客方法として選んでいますが、それを続けていると、クライアントや読者が自分のブログやフェイスブックなどの投稿で私の記事を紹介してくれることがあります。「ネット×他人」にまで広がることがあるのです。

集客方法はこれが正解という方法はなく、また、人によって得意不得意があります。自分の得意な方法を見つけることも大切です。

私は「ネット×自分」が得意なので、2013年にアロマセラピスト、アロマインストラクターがこれまで以上に自分たちの知識や技術を発揮できるようにと、アロマセラピーのプロのためのコミュニティを立ち上げました。アロマセラピーは、私にとって人生を変えた魔法です。ですから、アロマセラピーのプロは「魔女」ということで、「魔女のアロマセラピー研究所」（現「魔女ラボ」）と名付けました。現在会員数は40名。資格や手技、所属団体等は一切問いませんので、メンバーの中にはさまざまなジャンルのセラピストがいます。

実は以前、アロマアナリーゼの手法は、この「魔女ラボ」のメンバー限定で教えていました。それには理由があります。

アロマセラピーのプロであるということだけでなく、相互に連絡が取れる環境なので、アロマアナリーゼのブラッシュアップ（技術向上）の機会を作りやすいからです。つまり、それほど世の中の精油の情報は更新され続けているということ。そのため、常に情報交換とブラッシュアップが必要になります。現在も、アロマアナリーゼを行うセラピスト＝アロマアナリストは、この魔女ラボに在籍することとしています。そのおかげで、アロマアナリーゼやアロマアナリストのクオリティは劣化することがないと自負しています。

最初にアロマアナリーゼを学び、アロマアナリストになった魔女ラボのメンバーは、「アロマアナリーゼ、サロンで空前の大ヒットです！」と興奮気味に話してくれました。それくらい評判が良かったそうです。しかし、一方でまったく集客できないメンバーもいました。この違いは何でしょうか？

私はそんな時、こんなことを伝えています。あなたも一緒に考えてみてください。

「あなたはそれを、〝誰〟に届けたいですか？」

「アロマアナリーゼを、誰に受けてもらいたいですか？」この質問をすると、多くの方がこう答えます。「できるだけたくさんの困っている方に…」。

素晴らしい答えです。私もアロマアナリーゼはできるだけ多くの人に届けたいと思っています。しかし残念ながら多くの人に届けたいと思い、多くの人に実際に声をかけても、集客は成功しません。

これは私がよく挙げる例ですが、渋谷のスクランブル交差点の真ん中で「すみません〜。ちょっと立ち止まってください！」と大声を張り上げたとしても、きっと振り返ることはあっても、立ち止まってくれる人はいません。しかし、「すみません！　そこのロングヘアーの白いコートを着て赤いバッグを持ったお姉さん、ちょっと立ち止まってください！」と声を上げたら、どうでしょうか？　きっと該当する方が「私のこと？」と立ち止まってくれるはずです。さらに「サトウヒロミさん！」と、名前を呼んでみたらどうでしょう。きっとそこにサトウヒロミさんという方がいたら、立ち止まります。これは、極端な例ですが……。


〝誰に届けるか〟というのは、そういうことなのです。

渡す相手のいないプレゼントを空に放り投げても、誰も受け取ってはくれません。素敵なプレゼントは、大切な誰かのために確実に届けたいものです。では、その「大切な誰かは誰ですか？」ということです。例の通り、絞り込めば絞り込むほど届きやすくなります。「サトウヒロミさん」くらいまで絞り込めたら最高です。

「どういうこと？」と、思われた方もいると思うので、簡単な集客ワークを紹介します。

「届けたい相手を創造してみよう」ワーク

「あなたはそれを、〝誰〟に届けたいですか？」

では、あなたのセッションを届けたい相手を考えてみましょう。
次の質問に答えてみてください。

○どれくらいの年齢の方に届けたいですか？　生年月日まで決めてみましょう。
○その方は、どこに住んでいますか？　住所まで考えてみましょう。
○血液型は何型でしょうか？
○その方は、どのような家族構成ですか？（例：母、父、姉２人）
○職業と年収は？
○その方の趣味は何でしょうか？
○どんな資格を持っていますか？
○性格は？

○その方にとっての忘れられないエピソードは？
○その方のトラウマは何でしょうか？
○その方の座右の銘は何だと思いますか？

どうでしたか？

なかなか思いつかないという場合は、逆に「セッションを受けて欲しくない人」を考えてみてください。「受けて欲しくない人なんて、考えたことありません！」という方も多いかと思いますが、〝受けて欲しくない人、来て欲しくない人〟を考えると、〝受けてもらいたい人＝届けたい相手〟が見えてくると思います。

できるだけ具体的にそして自分に都合良く想定してもらって構いません。都合良く、というのは得意な人、好きなタイプということです。具体的な誰かでも良いです。

このプロフィールは、マーケティング用語で「ペルソナ」と呼ばれています。ペルソナが出来上がったら、その人に向けてどのような告知をすれば良いのかを考えていきます。

ペルソナにサロンの存在を伝える

ペルソナが決まったら、どのようにサロンの存在を伝え、その人に必要なものであると認知してもらうかを考えていきます。

「アロマアナリーゼを行っています」と、ホームページで紹介したり、サロンの看板を出したりすることも大切ですが、重要なことは自分のペルソナの動線（行動範囲）上に見せることです。ここで、ペルソナの趣味や性格が重要になってきます。

ペルソナの趣味が「ネットサーフィン」や「健康情報検索」だとすれば、ネット上に情報を載せることは意味を持ちますが、趣味が「ランニング」や「読書」だとすれば、ネット上に情報を載せてもその人には届かないことになります。自分のペルソナの動線を想像してみましょう。

例えば、趣味が「ランニング」で、職業がＯＬだとします。平日は仕事があるので、ランニングは夜間か休日。では、夜間だとしたらこの人は、どこで走るのでしょうか。公園？　スポーツジム？　女性だし、スポーツジムとしましょう。だとしたら、そのスポーツジムにチラシを置かせてもらえるか考えてみましょう。もっと幅を広げて、スポーツ用品店、ランニングの後に立ち寄るカフェはどうでしょう？

このように、自分が自分のペルソナになって、どのような生活を送っていて、どの場所で自分と接点が生まれるかを想像していきます。

では、めでたくペルソナが「アロマアナリーゼ」の存在に気づいた後、どうしたら「私に必要なものかも…受けたい！」と思ってもらえるでしょうか？

先ほどペルソナを作る時に「自分に都合の良い」想定をして欲しいと伝えました。例えば、このOLは、アロマセラピーが大好きで、趣味で毎晩精油を焚いているとしましょう。香りによって気分が変わるとか、よく眠れるという実感はあるけど、それで自分のことがもっと分かるとか、自分の人生が変わるかも、なんて考えたことはないと思います。そして、自分の本当にやりたいことや、使命のようなものを探している方だとしたら？

〝アロマセラピーは気分を変えるだけではなく、あなたの運命を変えるかもしれません。自分が望む人生がどんなものなのか、香りで見つけてみませんか？〟

といったコピーが、心に響くかもしれません。こんな都合の良い人いるのだろうか…と思うかもしれませんが、確実にいるのです。

例に挙げた通りの人はいませんが、あなたが考えたペルソナのような人は必ずいます。実は、それは、〝あなた自身〟です。今のあなた自身というより、少し前の、悩み苦しみ、つらかった思いを一人で抱えていた頃のあなた自身なのです。

そうです。アロマアナリーゼは、あの頃のあなたに向けて伝えて欲しいのです。「あなたはあなたのままで良いんだよ」と伝えてあげて欲しいのです。

そんなに絞り込んでしまって大丈夫かと不安になるかと思います。自分自身はもうサロンに居るし、「結局誰も来ないんじゃないの?」と、思う気持ちはよく分かります。

〝類は友を呼ぶ〟といわれるように、自分が届けたい人に向けて発信していたら、本当にあの頃の自分のような悩みを抱えた人たちが集まって来てくれます。逆に、自分が〝受けて欲しくない人〟は来なくなります。それは、あなたのペルソナではないから。すると、自分が心も穏やかで、共感的にセッションができる状態が保てます。

つまり、届けたい人を〝選ぶ〟ことで、それ以外の人からは〝選ばれない〟ことも必要だということ。できるだけ多くの人に届けたいという気持ちは大事です。ですが、届けたい人に届けることが、最優先だということを知っておくと、告知や集客は行いやすくなります。

あるセラピストのペルソナ

ペルソナを作り込むことを紹介しましたが、「実際のところどうなの？」と思うでしょう。ここであるアロマセラピストの例を紹介しましょう。

彼女、仮にAさんとしましょう。Aさんはアロマセラピーサロンとスクールを経営していました。Aさんの集客ツールは、主にブログ。ブログは毎日書いていました。ただ、何を書けば良いのか分からないので、精油の知識やアロマセラピーの豆知識のような「お客さまに役立つ」と思われることを書いていました。「その方が読者は喜ぶだろう」と思っていたのです。しかしある日、精油やアロマセラピーのことなら本の方が詳しい。先輩セラピストの方が詳しい。私の聞きかじった情報なんて役に立たないのでは？　と気づくのです。そこから、Aさんは、自分がアロマセラピーと出合った日のことを書きました。あの日のAさん自身に聞かせるように…。

「つらかったよね。何でそれに気づけなかったんだろうね。でも、1本の精油が助けてくれたおかげで、今は幸せに暮らしてる」というような内容を書きました。

その頃、Aさんのブログの読者数は30人程度でしたが、その日は突然、10倍の300人程度の方が読みに来てくれたのです。そして読者登録数が急上昇しました。それ以来ブログからの集客がとても増えたのです。Aさんは当時ペルソナの知識はありませんでした。たまたま自分に向けて書いたブログが、「ペルソナ」を作っていたということです。

もうお分かりかと思いますが、Aさんは私、藤原綾子のことです。

この一件でペルソナという考え方を知り、ペルソナを設定してブログやメルマガ、ホームページを書くことで、私のメッセージは届けたい人に届くようになりました。

しかしアロマアナリーゼに関しては、クチコミで大きく広がった印象があります。私の届かない人にまで届くようになり、遠くは九州、北海道、また海外からも受けに来てくださる方もいます。自分で選んだ香りを自身の言葉で語り、潜在意識を知り、明るい未来を持って帰った人は、それを周りの人にも伝えたくなるのだと思います。

あなたは、誰にあなたのセッションや想いを伝えたいですか?

ぜひ、ペルソナづくりにチャレンジしてみてくださいね。

次の章では、実際にアロマアナリーゼと出合い、実践している方たちの体験談や感想をご紹介します。それぞれまったく違う感覚でアロマアナリーゼを体験していますが、みなさん、驚くほどの変化を体験されています。

Let's TRY

「ペルソナ作り」

「あなたはそれを誰に届けたいですか?」
想い浮かべながら、ペルソナを作ってみましょう。

〈用意するもの〉
ノート、ペン

〈方法〉
①どんな人に自分のサロンに来て欲しいか、どんな人に自分のセッションや想いを伝えたいか想像する。
②想い浮かぶ人物像を、下記質問で具体化していく。
③完成したペルソナの日常の動線を考えて、サロンの告知を行ってみる。

質問①その人の生年月日（年齢）は？
質問②どんな所に住んでいますか？
住所まで設定してみましょう。
質問③血液型は何型でしょうか？
質問④家族構成は？（例：父、母、妹、猫）
質問⑤職業や年収は？
質問⑥どんな趣味がありますか？
質問⑦どんな資格を持っていますか？
質問⑧性格は？
質問⑨その方にとっての忘れられないエピソードは？
質問⑩その方のトラウマは何でしょうか
質問⑪座右の銘は？

「精油の翻訳家」の由来

私は自分のことを〝精油の翻訳家〟と名乗っています。名乗り始めたのはいつ頃からなのか？　と、振り返ってみると、２０１１年の東日本大地震がおきた後からでした。

私のセラピスト人生の中で、東日本大地震はとても大きな意味を持つ出来事です。私が主催するアロマセラピスト、アロマインストラクターのコミュニティ「魔女のアロマセラピー研究所（現 魔女ラボ）」を発足するきっかけにもなっています。

東日本大地震が起きた直後は余震も続き、停電や電車の運行も不安定な状態でした。そんな中、サロンを予約してくれていた方に、無理をしてまで来店しなくてもよい旨を伝えたところ、「こんな時だからこそ受けたいです。不謹慎と言われても、この全身の強張りを取りたいです」と、お返事をいただきました。

その方は、カバンにヘルメットをくくりつけ、いつもは10cmもあろうかというハイヒールでいらっしゃるのに、その日はスニーカー。そこまでしていらしてくれたかと思うと申し訳ない気持ちになり、「すみません。わざわざ…」と私が言うと、「何言ってるの！　こんな時だから、必要なんですよ。このままじゃ窒息しちゃう」と叱れらました。

その一言は、私に大きな衝撃を与え、「自粛ムードに落ち込んでいてはダメだ。私はいつでも、どんな時でも、いつもの場所でいつもの笑顔でクライアントさんをお迎えするセラピストで居続けよう！　人々が困難な状況にある時こそ、必要とされるセラピストでありたい」と決心するきっかけになりました。

当時、余震の影響から、服を脱いで長時間のトリートメントを受けるのは少し怖いと話す方が多くいらっしゃたので、そのような方のため、着衣のまま受けられる「フェイシャルトリートメント30分」というコースを地震の5日後から急遽スタートしました。するとたくさんの予約が入り、喜んでくれるのと同時に、先行きの不安で涙を流される方がとても多かったです。そして、心境を語り、涙することで心が緩んでいるようでした。


〝そんな時に、「今日選んだ精油にどんな意味があるのか？　この精油がクライアントさんのどんな支えになるのか？」を、精油翻訳家として…お伝えすることをしていた〞と、私は2011年3月26日のブログ「スピリチュアルとグラウンディング」に投稿していました。

【ブログ引用】

地震後のお客さまが選ばれる精油がことごとくグラウンディングであることも興味深いところです。〝グラウンディング〟とは、文字通り地に足をつけるということですが、地震のように、立っていた場所が足元から覆されたり、生活が脅かされたり、ということがあれば、当然人間はグラウンディングを求めます。そういう意味もあると思います。

でも一方で、そんな時だからこそ自分自身の信念や精神の拠り所を一本作らなければならないと、本能が教えてくれているのだと受け止めています。マスコミが流す情報、権威であろう学者さんの見解、政府の発表、クチコミの噂話…一体何が本当で、何が正しいの？　と不安になる前に、あなたはどうやって生きていきたいの？　と、精油に問われている気がしました。それは厳しい質問ではなく、優しい問いかけです。そして精油の素晴らしいところは、その答えも用意していることです。

その答えは人によって当然違いますが、私が「精油翻訳家」として間に入って、丁寧にお話しを差し上げています。皆さん納得され、理解されて、そして少し安心して笑顔でお帰りになっています。精油を知っていて良かったと思います。私だけでは、クライアントさんの本当の悩みやこれからの不安はここまで理解できなかったかも…。選ばれた精油が、ひとつひとつ丁寧にストーリーを教えてくれます。それがアロマテラピーの素晴らしいところ。

〝精油の翻訳家〟という言葉は、この日に生まれたようです。精油を通して、目の前のクライアントさんを笑顔にできることは、私の誇りでした。

精油は、ひとりひとりにとって違う意味を持ちます。「I LOVE YOU」が、人によって違う意味を持つのと同じです。夏目漱石は教師をしていた頃、「I LOVE YOU」を「月が綺麗ですね」と訳しましたが、翻訳によって伝わり方も違うし、感じ方も変わります。それを使い分けることができる人が精油の翻訳家だと思っています。

アロマアナリーゼを行う人＝アロマアナリストは、〝精油の翻訳家〟です。

必要な人に必要なメッセージを届けること、さらに困難な状況にある時にこそ必要とされるセラピストであるために、精油の言葉を知ることはきっと役に立つはずです。

〈第四章まとめ〉

「人が集まるサロン」になるためには？

Point 1

誰に来て欲しいか想像する

サロンにどんなクライアントが来て欲しいのか？
来て欲しい人、来て欲しくない人を想像してみる。

Point 2

ペルソナを作成する

質問に答えて、ペルソナを作成してみる。
できるだけ具体的にイメージするのがポイント。
ペルソナは、過去の自分自身でもある。

Point 3

ペルソナの動線を考える

ペルソナはどんな生活を送っているのか？
どんなお店に行き、どんな時間にメールをチェックするのかなど想像し、それに合わせてサロンの告知法を考えてみる。

第五章

香りの心理分析で未来が変わった！

「私のアロマアナリーゼ物語」

セラピスト人生を変えた、香りの心理分析

ここまで読んでみて、いかがでしたか？

本書を読むだけでも、誰でもアロマアナリーゼを実践することができるようになります。お伝えしている通り、アロマアナリーゼの手法に絶対的な決まりはありません。使う精油の数に決まりもないし、精油のメッセージも自分で決めます。選んだ精油を香水にしたり、アロマトリートメントのブレンドオイルに使用したりと、使い方も自由です。

しかし、もう少し手法を本格的に学んでみたい、セッションの中で使う「質問」の仕方をきちんと学びたい、他の人たちの精油のプロフィールを見てみたいという場合は、「アロマアナリスト養成講座」をおすすめします。養成講座で認定されれば、「認定アロマアナリスト」と名乗り、活躍することもできます。

ここからはアロマアナリーゼを学び、現在アロマアナリストを養成するインストラクターとして活躍する3名の物語を紹介します。

この3人はアロマアナリーゼの学びを通じて、アロマセラピストとして人生が大きく変化しました。

「自分自身の本質に触れた」

1人目　森禄子（もりさちこ）さん（北海道在住・アロマテラピーサロン・ｉｌｏ主宰）

ＡＥＡＪ日本アロマ環境協会認定教室／ＡＥＡＪアロマテラピーインストラクター／ＡＥＡＪアロマセラピスト／ＪＡＭＨＡ日本メディカルハーブ協会　ハーバルセラピスト／アロマアナリスト／アロマアナリーゼインストラクター

植物が作り出す香りの心地よさに惹かれ、アロマセラピーとハーブを学び始めました。アロマトリートメントによって、植物が心と身体に寄り添い整えてくれることに感銘を受け、２０１３年12月にトリートメントサロンをオープン。

「幸せという気持ちを積み重ねる毎日であって欲しい」という想いから、サロンの名前をフィンランド語で幸せの意味を持つ「ｉｌｏ」と名付けました。

アロマアナリーゼとの出合いは、自分で望んでセッションを受けたというよりかは、藤原さんが主宰しているアロマセラピーのコミュニティ「魔女ラボ」のメンバーだったため、仕方なく受けてみたことがきっかけです（笑）。というのも当時の私は、「目に見えないものは絶対に信用しない。もっと化学的に精油を学びたい」。こんな考えだったので、実はアロマアナリーゼの第一印象はあまり良いものではありませんでした。しかし、その後も何度かセッションを受ける機会があり、なぜかその時の心の状況を的確に表してくれます…。「嫌だけど気になる」という状態でした。

自分の意志でアロマアナリーゼをきちんと学ぼうと思ったのは、2012年頃のこと。「嫌だけど気になる」状態はまだ続いていましたが、「本当はもっと知りたいと思っている」と分かっていました。ならば、ちゃんと向き合ってみようと思い、本格的に学ぶことに決めたのです。

アロマアナリーゼを学ぶにつれ、価値観が大きく変わっていくのが分かりました。精油を多方面からみて、「精油のプロフィール」作りを行ったおかげです。おおげさではなく、本当にそう思います。物事を一方向からだけではなく、さまざまな方向から見る癖がつき、クライアントに自分の価値観を押し付けることがなくなりました。サロン内だけのことではなく、人間関係でのさまざまな場面においてもです。複雑な背景を併せ持ちながら、物も事柄も、人も存在しているのだということを尊重できるようになりました。

そして、精油が積み上げてきた歴史や物語は、化学的とか、目に見える見えないなどということを軽く超越するくらい壮大であり感動的でした。アロマアナリーゼを行うために膨大な資料を読み漁り、ありとあらゆる方面から、たった一つの精油をみつめる。「私は何をみつけるのか？」「その背景にあることを、どれだけ感じることができるのか？」その過程の中で、自分自身の執着や固執がどんなにちっぽけだったかを、途方もない年月をこえて、種を絶やさずに生きてきた植物が教えてくれました。

化学や成分、作用も勿論ないがしろにしない。むしろ徹底的に分析する。そして、目に見えることも、見えないことも、どちらも同じ気持ちで受け止める。私が理解できることも、理解が難しいこともある。不思議なこともある。〝正解・不正解はない〟。アロマアナリーゼのインストラクターテキストに書かれているこの一文は、すべての事柄の本質だと思います。

また、「心」と「魂」は違うということを、アロマアナリーゼを学んでから知りました。「心」は変わるもの。頭で考えて感じるもの。「魂」は変わらないもの。本来の自分で、本質。〝魂を磨くために、何らかの学びを背負ってこの世に生まれてくる〟と聞いたことがありましたが、さまざまな思考が邪魔をして、違う方向に進むことがあります。情報量の多さだったり、本当はいらない欲だったり。

私も、さまざまなものに惑わされていましたが、アロマアナリーゼが思考をストップしてくれ、魂の領域である本心、本質に触れさせてくれました。

ある時、アロマアナリーゼを行うセラピストのサロンでアロマアナリーゼのセッションとトリートメントを受けました。その時に選んだ「月桃」が特に印象的でした。沖縄や九州など、暖かい場所で育つ月桃は、私が暮らす北海道とは真逆の土地で暮らす植物です。

そんな月桃が持つメッセージは、「情報の遮断」。その頃の私は魔女ラボに入会し、初めて東京の同業の方々と交流して、意識と知識の高さにガツンと衝撃を受けていました。「まだまだ色々なことを吸収しなければ！」と頑張っていた時期でもありましたが、慣れないＳＮＳも始め、さらにさまざまな活動をしている方々の情報が目に入るようになり、少し焦りを感じていました。そんな時に、「情報の遮断」というメッセージを受け取って、「ふ〜っ」と身体の力が抜けていくのを感じました。私には私の良さがあり、自分のペースがある。そして、サロンに来てくださるお客さまの顔も浮かびました。「私が一番大切にしなければいけないこと。何のために学ぶのか？」。それは、サロンにいらしてくれるお客さまのためです。それなのに、他の人と自分を比べて、違う誰かにならなければと焦っていたのです。その後、月桃でアロマトリートメントを受けながら、どんどん力が抜けていくのを感じました。〝やらければばならない〟から、〝自分らしく楽しみながらでＯＫ〟と気づけたのです。まどろみながら、「なんくるないさ〜」という月桃の声が聞こえたような気がしました。

また、「フランキンセンス」と「ネロリ」が大切なことを教えてくれたこともあります。私がみつけた「フランキンセンス」のメッセージは「前に進みなさいと送り出す」です。

一方、「ネロリ」のメッセージは「自分の心地良いバランスを探す手助け」。この2本を選んだ時の私の心境は、夢に向って勢いよく進んでいきたいという一方で、不安や心配もとても感じていました。2つの精油が、「前に進んでOKだけど、自分の心地よいバランスを取ろうね」と教えてくれているようでした。そして、「強い私でなくて大丈夫。〝不安〟や〝心配〟もあっていいんだ」と、弱い自分も認められるようになり、ラクになったのを覚えています。

「精油の翻訳家」に、今ではなれたと思っています。アロマアナリーゼを学んだことで、コーチング力が養われました。また、お客さまが選ぶ精油で、おおよその心の在り処も分かるようになったので、カウンセリング力も上がりました。私は、お客さまが選んだ精油をブレンドしてアロマトリートメントを行っています。これには、喜んでくださるお客さまがほとんどです。私自身も日々セルフアロマアナリーゼで、自分の心のメンテナンスを行っているので安定した心でお客さまをお迎えすることができています。

心と身体、魂をケアできるアロマサロンが増えることによって、笑顔になり、自分らしくいきいきと生きる人が増える。そんなサロンやセラピストを増やしていくことも、アロマアナリーゼインストラクターとしての私の夢であり、使命であると考えています。

森禄子（もりさちこ）さんの「精油のプロフィール」――ネロリ

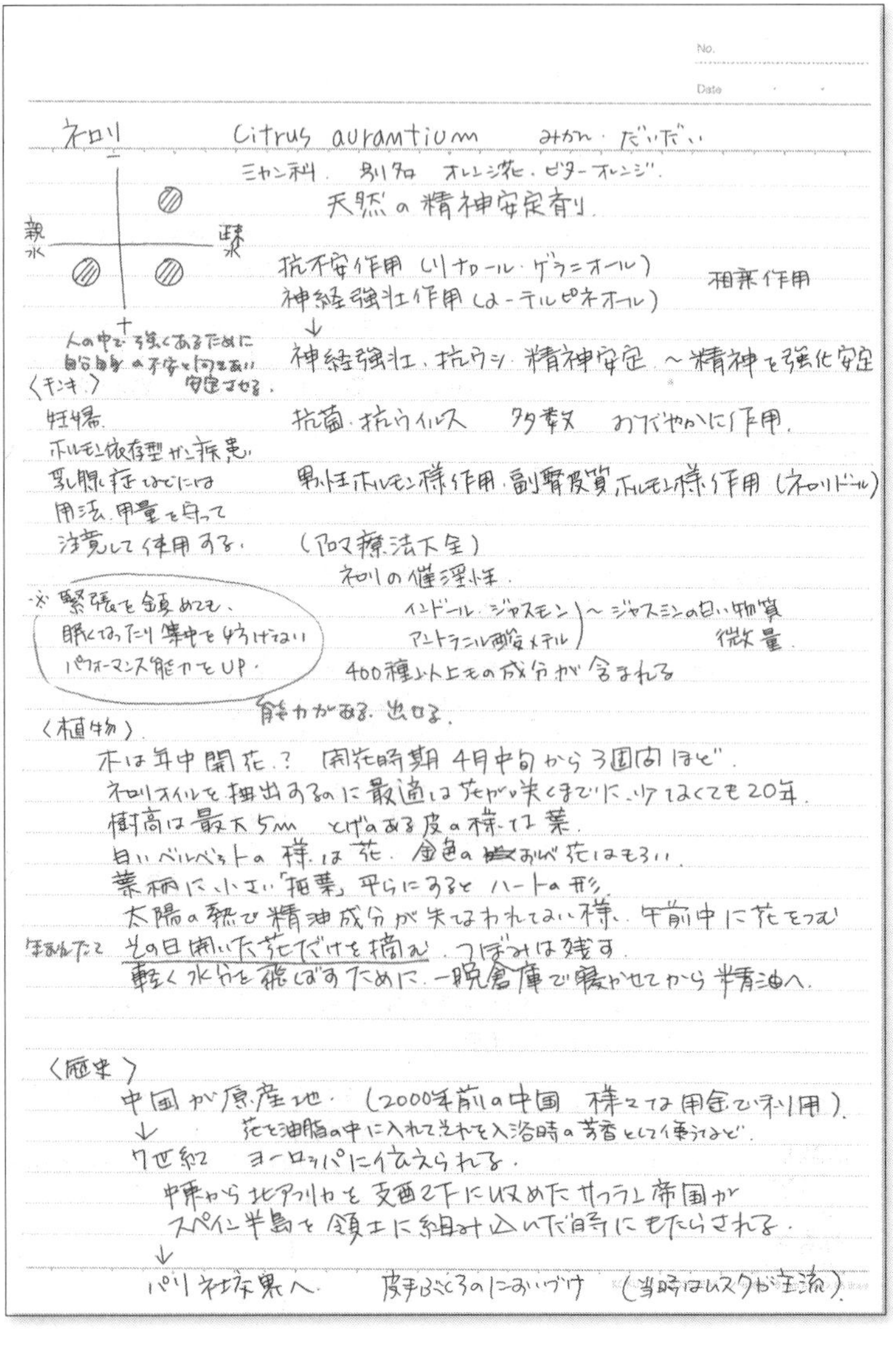

No.

Date

ネロリ　Citrus auramtium　みかん・だいだい

ミカン科　別名　オレンジ花・ビターオレンジ

天然の精神安定剤

親水　疎水

抗不安作用（リナロール・ゲラニオール）

神経強壮作用（α-テルピネオール）　相乗作用

↓

神経強壮、抗ウツ、精神安定　～精神を強化安定

人の中で強くあるために自分自身の不安と向き合い安定させる。

〈キンキ〉

妊婦、

ホルモン依存型ガン疾患、

乳腺症などには

用法、用量を守って

注意して使用する。

抗菌・抗ウイルス　多数　おだやかに作用。

男性ホルモン様作用、副腎皮質ホルモン様作用（ネロリドール）

（アロマ療法大全）

ネロリの僅淫性。

インドール・ジャスモン
アントラニル酸メチル　）～ジャスミンの甘い物質　微量。

400種以上もの成分が含まれる

※緊張を鎮めても、
眠くなったり集中を妨げない
パフォーマンス能力をUP。

能力がある。出せる。

〈植物〉

木は年中開花？　開花時期4月中旬から3週間ほど。

ネロリオイルを抽出するのに最適な花が咲くまでに、少なくても20年。

樹高は最大5m　とげのある皮の様な葉。

白いベルベットの様な花、金色のおしべ　花はもろい。

葉柄に小さい「翼葉」平らにするとハートの形。

太陽の熱で精油成分が失なわれてない様、午前中に花をつむ

摘みたて　その日開いた花だけを摘む。つぼみは残す。

軽く水分を飛ばすために、一晩倉庫で寝かせてから精油へ。

〈歴史〉

中国が原産地。（2000年前の中国　様々な用途で利用）。

↓　花を油脂の中に入れてそれを入浴時の芳香として使うなど。

7世紀　ヨーロッパに伝えられる。

中東から北アフリカを支配下に収めたサラセン帝国が

スペイン半島を領土に組み込んだ時にもたらされる。

↓

パリ社交界へ。　皮手ぶくろのにおいづけ（当時はムスクが主流）。

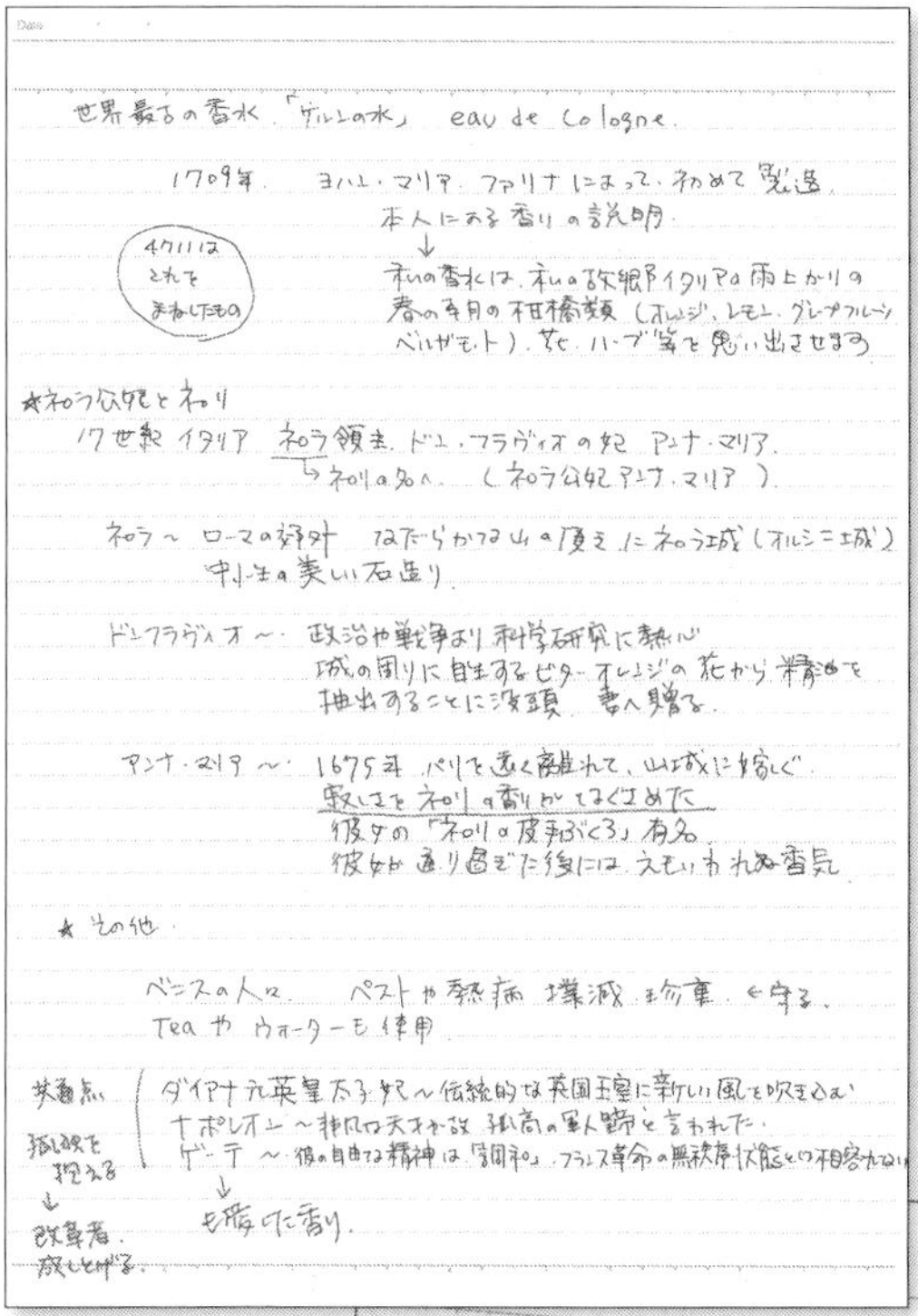

Date

世界最古の香水「ケルンの水」 eau de Cologne.

1709年. ヨハン・マリア・ファリナによって、初めて製造.
本人による香りの説明.
↓
私の香水は、私の故郷イタリアの雨上がりの
春の朝の柑橘類（オレンジ、レモン、グレープフルーツ
ベルガモット）、花、ハーブ等を思い出させます

4711は
これを
まねしたもの

★ネロラ公妃とネロリ
17世紀 イタリア ネロラ領主、ドユ・フラヴィオの妃 アンナ・マリア.
→ネロリの名へ. （ネロラ公妃アンナ・マリア ）.

ネロラ〜 ローマの郊外 なだらかな山の頂きにネロラ城（オルシニ城）
中世の美しい石造り.

ドユフラヴィオ〜. 政治や戦争より科学研究に熱心
城の周りに自生するビターオレンジの花から精油を
抽出することに没頭 妻へ贈る.

アンナ・マリア〜. 1675年 パリを遠く離れて、山城に嫁ぐ.
寂しさをネロリの香りがなぐさめた
彼女の「ネロリの皮手ぶくろ」有名.
彼女が通り過ぎた後には えもいわれぬ香気

★その他.

ベニスの人口. ペストや熱病 撲滅 士気 ←守る.
Tea や ウォーターも使用.

共通点. ダイアナ元英皇太子妃〜伝統的な英国王室に新しい風を吹き込む
孤独を ナポレオン〜非凡な天才が故 孤高の軍人皇帝と言われた.
抱える ゲーテ〜.彼の自由な精神は「調和」. フランス革命の無秩序状態とは相容れない
↓ ↓
改革者. を癒した香り.
成しとげる.

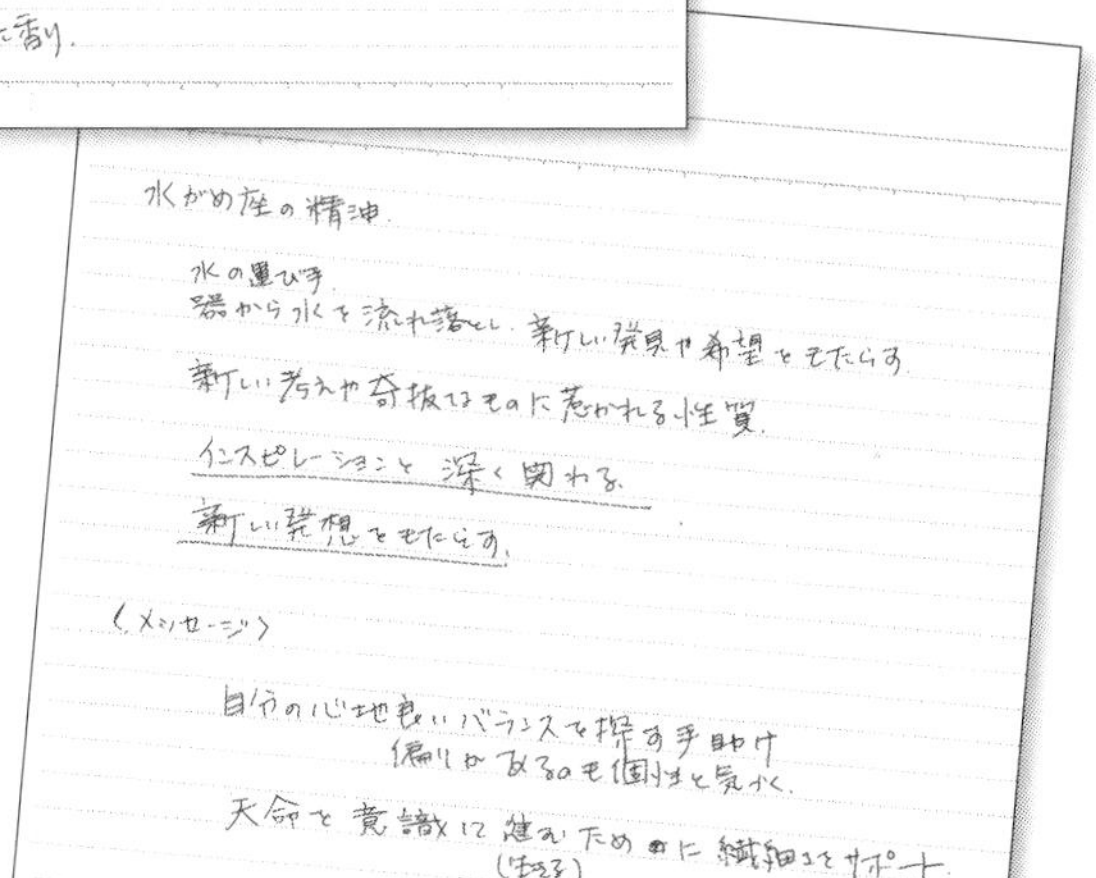

水がめ座の精油.

水の運び手
器から水を流れ落とし、新しい発見や希望をもたらす
新しい考えや奇抜なものに惹かれる性質.
インスピレーションと深く関わる.
新しい発想をもたらす.

〈メッセージ〉

自分の心地良いバランスを探す手助け
偏りがあるのも個性と気づく.
天命を意識に進むために繊細さをサポート.
（生きる）

「私は私、あなたはあなたと思えるようになった」

2人目　山野笑子（やまのえみこ）さん（千葉県在住・ｉｒｏｄｏｒｉ主宰）

ＮＡＲＤ　ＪＡＰＡＮ認定アロマ・アドバイザー資格認定校／ＮＡＲＤ　ＪＡＰＡＮ認定アロマ・インストラクター／アロマ・セラピスト、アロマアナリスト、アロマアナリーゼインストラクター

アロマセラピーに出合い、「大丈夫、私ならできる」と自信を持てるようになりました。精油は私の人生に彩りを与えてくれたことから、２０１３年千葉県松戸市に「アロマテラピースクール＆サロンｉｒｏｄｏｒｉ（いろどり）」をオープンしました。

　アロマアナリーゼとの出合いは２０１４年３月。魔女ラボの2期生として参加した初日の会合が、「アロマアナリーゼを学ぶ」でした。このように、どちらかというと最初は受け身で、アロマアナリーゼが私の元にやってきたという感じでした。

　私はアロマセラピーを学び始めた時から「精油について好奇心旺盛でいたい」「精油についてもっと知りたい」と思っていました。もちろんアロマアナリーゼを知らなくてもそれは可能です。でも、「深く知る」ことはアロマアナリーゼを学ばなければできなかったことだ

と思います。精油はなぜこんなにも人の心に響くのか、自分の中で腑に落したかったのです。

「精油のことを深く知りたい」と学び続けたアロマアナリーゼですが、精油のことを深掘りしていくうちに、だんだんと今まで知らなかった、目に留めていなかったことを知る機会が増えました。植物の姿・形を愛おしく感じたり、生き抜く力に感動したり、人と植物との関わりの長い歴史に想いを馳せたり、アロマアナリーゼを通じて視野が広くなり、見える景色が広がりました。

私は神社やお寺を巡るのが好きなのですが、好きな精油のひとつの中に「サンダルウッド」があります。サンダルウッドの香りを嗅ぐと、まるで神社など神聖な場所に居るような気分になります。私が見つけたサンダルウッドのメッセージは「自分の軸を持つ」。不安感があったり、何かに迷っている時は、そのどっしりとした香りが助けてくれます。最近、このメッセージ以外にも、新たなメッセージを発見したんです。それは、「自分のペースでOK」というもの。サンダルウッドは、樹木の生態を調べてみると半寄生植物です。発芽して1年くらいは自力で成長しますが、その後は他の植物の根にからみ、栄養分を吸収して、とてものんびりと成長します。

この事実を知った時は、「なんてしたたかなんだ」と思いましたが、その後に「でも、誰もが他者との関わりがないと生きていけないよな…」と思えたんです。神聖な樹が、「聖なるものだって、他者との関わりが必要。自分のペースでいいんだよ」と教えてくれている気がしました。

アロマアナリーゼを学んで、精油においても自分の人生においても、視野が広がったことが一番大きいような気がしています。今までいかに狭い世界の中で物事を見ていたのだろうかと思います。それまではどこかで「私が正しい！」と、正しさを押し付けていたようなところがありましたが、4年に及ぶ「精油のプロフィール」の作成作業で、物事には多様な面があることを学び、「わたしはわたし、あなたはあなた」と心の底から思えるようになりました。そして、見える景色が広がるにつれて、だんだんと「私が伝えたいアロマセラピー」というパズルのピースがひとつひとつはまり、出来上がっていく感覚があり、私の「アロマ哲学」のようなものが生まれていく感覚を感じました。

その哲学とは、〝精油を知ることは、自分を知ることにつながる〟ということ。精油はその人にしかない力を上手に引き出してくれ、そして、精油への好奇心・探究心は、誰かの役に立てるというところに辿り着きました。

そして、サロンを始めた頃にはぼんやりとしか見えなかったペルソナ＝「どんな人にサロンに来てもらいたいか」ということが具体的になってきました。

私のところにアロマテラピーを学びにくる方、アロマアナリーゼセッションを受けにくる方は「今の自分に満足していない」方が多いと感じています。主に30代後半~40代の女性は、年齢に伴う変化に不安を抱えていたり、働くステージが変わり、今までと同じように力を発揮できなかったと、ストレスを抱えている方が多いです。「自分はもっとできるはずなのに、なかなか力を発揮することができない」そして、そんな自分に自信が持てなくなっている。笑顔の裏にはそんな気持ちが隠れているように見えます。私自身もそんな気持ちを抱いてアロマテラピーの世界に入り、少しずつ自信を取り戻していった経験があります。そんな私だから伝えられることがあると思っています。〝アロマテラピーを通じて、本領発揮のお手伝い。心からの笑顔を引き出していきたい〟と思うようになりました。

アロマアナリーゼを受けた方から、後日こんなご感想をいただきました。「アロマアナリーゼで自分のやるべきこと、使命がはっきりして、自信をもって進んでいます!」。現在、この方は素晴らしい活躍をされています。もちろんご本人の努力があってのことですが、そのきっかけになったのがアロマアナリーゼだったというのがとても嬉しいことでした。

今後もさらに精油と仲良くなりたいので、「精油のプロフィール」作りはずっと続けていくつもりです。

山野笑子（やまのえみこ）さん「精油のプロフィール」――サンダルウッド

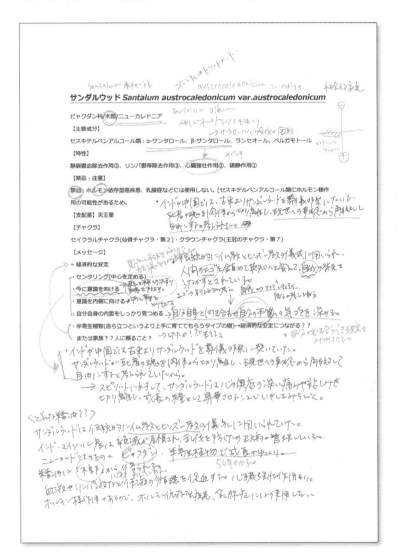

サンダルウッド *Santalum austrocaledonicum var.austrocaledonicum*

ビャクダン科/木部/ニューカレドニア

【主要成分】

セスキテルペンアルコール類：α-サンタロール、β-サンタロール、ランセオール、ベルガモトール

【特性】

静脈鬱血除去作用③、リンパ鬱帯除去作用③、心臓強壮作用②、鎮静作用①

【禁忌・注意】

禁忌：ホルモン依存型癌疾患、乳腺症などには使用しない。(セスキテルペンアルコール類にホルモン操作用の可能性があるため。

【支配星】天王星

【チャクラ】

セイクラルチャクラ(仙骨チャクラ・第２)・クラウンチャクラ(王冠のチャクラ・第７)

【メッセージ】

・経済的な安定

・センタリング(中心を定める)

・今に意識を向ける

・意識を内側に向ける

・自分自身の内面をしっかり見つめる

・半寄生植物(自ら立つというより上手に育ててもらうタイプの樹)→経済的な安定につながる？？

または家族？？人に頼ること？

・インドや中国では古来よりサンダルウッドを葬儀の際に焚いていた。
サンダルウッドが死者の魂を肉体から切り離し、現世への執着から解放して自由にすると考えられていたから。
→スピリットに対して、サンダルウッドは心の奥底の深い痛みや悲しみを切り離し、成長の糧として昇華させることでいやしをもたらしていく。

〈どんな精油？？〉
サンダルウッドは伝統的に仏教とヒンズー教の儀式に用いられていた。
インド・マイソール産は絶滅が危惧され、またそれを防ぐため政府が管理している。
ニューカレドニアのもの。ビャクダン・半寄生植物で成長がゆっくり。50年かかる。
精油は「木部」から心材 蒸留される。
血液やリンパ液など体液の循環を促進する。心臓強壮作用あり。
ホルモン操作作用があるので、ホルモン依存型疾患、乳腺症には使用しない

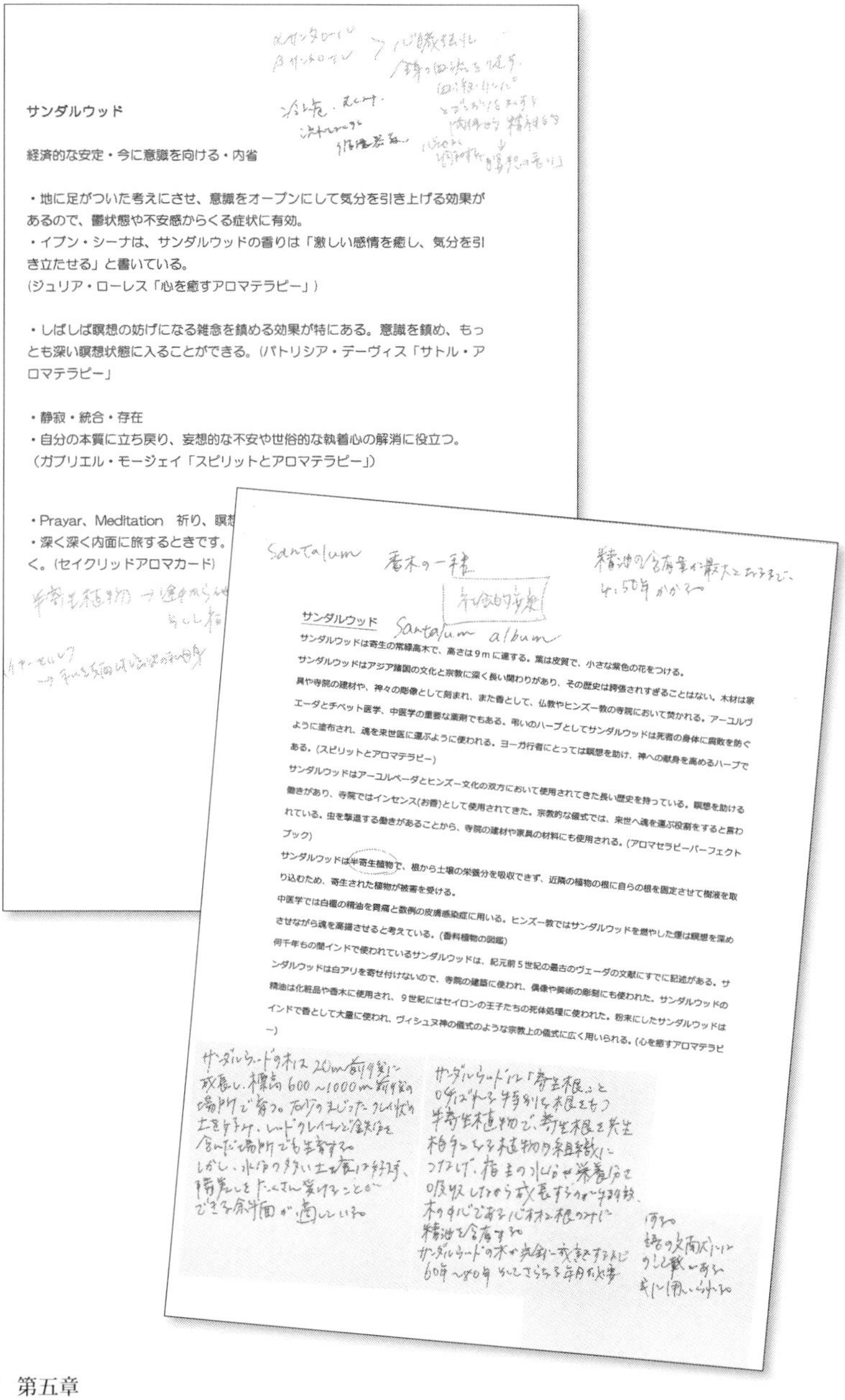

サンダルウッド

経済的な安定・今に意識を向ける・内省

・地に足がついた考えにさせ、意識をオープンにして気分を引き上げる効果があるので、鬱状態や不安感からくる症状に有効。
・イブン・シーナは、サンダルウッドの香りは「激しい感情を癒し、気分を引き立たせる」と書いている。
(ジュリア・ローレス「心を癒すアロマテラピー」)

・しばしば瞑想の妨げになる雑念を鎮める効果が特にある。意識を鎮め、もっとも深い瞑想状態に入ることができる。(パトリシア・デーヴィス「サトル・アロマテラピー」

・静寂・統合・存在
・自分の本質に立ち戻り、妄想的な不安や世俗的な執着心の解消に役立つ。
(ガブリエル・モージェイ「スピリットとアロマテラピー」)

・Prayar、Meditation　祈り、瞑想
・深く深く内面に旅するときです。
く。(セイクリッドアロマカード)

Santalum　香木の一種

精油の含有量が最大となるまで、40～50年かかる。

社会的安定

サンダルウッド　Santalum album

サンダルウッドは寄生の常緑高木で、高さは9mに達する。葉は皮質で、小さな紫色の花をつける。

サンダルウッドはアジア諸国の文化と宗教に深く長い関わりがあり、その歴史は誇張されすぎることはない。木材は家具や寺院の建材や、神々の彫像として刻まれ、また香として、仏教やヒンズー教の寺院において焚かれる。アーユルヴェーダとチベット医学、中医学の重要な薬剤でもある。弔いのハーブとしてサンダルウッドは死者の身体に腐敗を防ぐように塗布され、魂を来世区に運ぶように使われる。ヨーガ行者にとっては瞑想を助け、神への献身を高めるハーブである。(スピリットとアロマテラピー)

サンダルウッドはアーユルベーダとヒンズー文化の双方において使用されてきた長い歴史を持っている。瞑想を助ける働きがあり、寺院ではインセンス(お香)として使用されてきた。宗教的な儀式では、来世へ魂を運ぶ役割をすると言われている。虫を撃退する働きがあることから、寺院の建材や家具の材料にも使用される。(アロマセラピーパーフェクトブック)

サンダルウッドは半寄生植物で、根から土壌の栄養分を吸収できず、近隣の植物の根に自らの根を固定させて樹液を取り込むため、寄生された植物が被害を受ける。

中医学では白檀の精油を胃痛と数例の皮膚感染症に用いる。ヒンズー教ではサンダルウッドを燃やした煙は瞑想を深めさせながら魂を高揚させると考えている。(香料植物の図鑑)

何千年もの間インドで使われているサンダルウッドは、紀元前5世紀の最古のヴェーダの文献にすでに記述がある。サンダルウッドは白アリを寄せ付けないので、寺院の建築に使われ、偶像や美術の彫刻にも使われた。サンダルウッドの精油は化粧品や香木に使用され、9世紀にはセイロンの王子たちの死体処理に使われた。粉末にしたサンダルウッドはインドで香として大量に使われ、ヴィシュヌ神の儀式のような宗教上の儀式に広く用いられる。(心を癒すアロマテラピー)

サンダルウッドの木は20m前後に成長し、標高600～1000m前後の場所で育つ。石砂のまじったクレイ状の土を好み、レッドクレイなど鉄分を含んだ場所でも生育する。
しかし、水分の多い土壌は好まず、陽光をたくさん受けることができる斜面が適している。

サンダルウッドは「寄生根」と呼ばれる特別な根をもつ半寄生植物で、寄生根を共生相手となる植物の組織につなげ、宿主の水分や栄養分を吸収しながら成長する。

「クライアントや場を包み込む力がついた！」

3人目　高島元子（たかしまもとこ）さん（株式会社ＣｈｅｚＣｌａｒａ代表取締役）

アロマコミュニケーションカウンセラー／アロマアナリーゼインストラクター／60歳からのフランス式アロマライフ研究会主催／アロマ＆ハーブスクールＣｈｅｚＣｌａｒａ校長／日本フェイシャルセラピスト協会認定指導士

会社員時代、無理な働き方のために体調不良になり、アロマセラピーで元気を取り戻しました。その経験から、２００７年にアロマセラピーサロン「ＣｈｅｚＣｌａｒａ」をオープン。同時に、行政の相談業務やがん患者さんの生活サポートのＮＰＯなどに関わり、さまざまな方の悩みに向き合ってきました。〝自分らしさとは何か？〟を確認する場面や、未来への不安を相談する場がないことに気づき、「自分と向き合う」こと、「心が楽しいことをすれば、未来への不安がなくなる」ことを伝えるために、60歳からのフランス式アロマライフ研究会を立上げ、ワクワクするアロマライフのレッスンを提供しています。

アロマセラピーを学んで20年が経過していますが、精油の化学に苦手意識があり、アロマセラピーに心底打ち込めない自分がいました。薬理作用を中心にしたクライアントへの精油の見立てをするのも苦手でした…。

アロマアナリーゼのセッションに始めて出た時は衝撃でした。精油をきっかけにして浮かぶ色、人物や風景、思いがけない光景が自分の中から次々と溢れ出てくる…。この時選んだ精油はブレンドして香水にしてもらったのですが、「今の自分をすべて受け入れてもらえる、至福感味わえる香り」と感じました。たかが精油。けれど自分を受け入れてもらえる感覚は、新たなアロマセラピーとの出会いになりました。〝精油を知りたい、精油と仲良くしたい、精油をもっともっと自由に使えるようになりたい！〟。それが、私がアロマアナリーゼを学んだ理由です。

アロマアナリーゼを学ぶ養成講座のテキストには、「精油のプロフィール」を大切にすることが明記されています。ラテン語名、植物の属性、産地情報、採油部位、採油時期、歴史的エピソード、神話や伝承、薬理作用、生理作用、心理作用など、幅広い視点で精油の存在を知ることになります。調べれば調べるほど、知れば知るほど、セッションをすればするほど、精油が愛おしくなり、苦手だった精油の化学にも近づけている気がしました。

お客さまから、「自分らしく前に進めた」「自分を知ることが興味深い」「隠れていた小さな自分に気がついた」「本来の自分を知った」「「自分を大切にしたい」など、しっかりとします。

た自分軸の感想をいただくようになりましたが、それは私自身にもいえることだと感じてい

アロマアナリーゼを学び始めて、とても印象に残っている精油があります。それは、「ミルラ」です。私がみつけたミルラの精油のメッセージは、「迷える人の道しるべ」。ミイラを固めるために使われたので、「決意を固める」という意味もあります。アロマを学んで20年以上経っているのに、なかなか自信をもって「私はアロマセラピーをやっています！」と心の底から宣言することができないでいました。他にもさまざまな仕事を行っていたので、アロマひとつに絞ることにも抵抗があったんです。また、色々なことを行うことで、自分を守っていたようにも思います。「ミルラ」は、そんな私の心の状態をお見通しでした。まさに、迷える人の道しるべ。その心の状態が分かり、使っていくうちに、やっとアロマセラピーを本格的に行おうと、「決意を固める」ことができたのです。

そして、もうひとつは「ローズ」です。ローズには「自分を愛する、そのままの自分を愛する」というメッセージを見つけています。ローズのメッセージのおかげで、「人に迷惑をかけてはいけない」と必要以上に思い込み、常に相手の機嫌を伺い、空気を読み、調和を乱していけないと、人の価値観に合わせて生きていた、という自分に気づくことができました。今では随分と自分をさらけ出せるようになり、等身大になれたと感じています。

アロマアナリーゼを学び精油と向き合うことで、自分を受け入れることができるようになったことが、私の大きな変化だといえます。完璧じゃなくても、どんな欠点があっても、自分は唯一無二の存在、その丸ごと受容される感覚を手にしたことがとても大きな変化です。

私が作成したペルソナは、次のような方です。

53歳・女性経営者・既婚・子どもなし。病気になったことがきっかけで、男性的な働き方を反省。アロマセラピーが大好きで、過去には仕事にしていたことも。60歳になること、年齢を重ねることへの恐怖があった。容貌や仕事、これまでの完璧さを失うような気がしている。私の場合、ペルソナの女性が「自分の心が楽しくなる、ワクワクすることを続けていけば年齢を重ねることも60歳を迎えることも怖くない」と思ってもらえることがゴールです。

以前、仲間と情報交換をした際に、アロマアナリーゼの最大のメリットについて話す機会がありましたが、それぞれのメンバーが異口同音に話したことは、「自己肯定感が上がる」でした。この〝自己肯定感〟とは、一体何を指しているのでしょうか?

この自己肯定感は文字通り「自分を肯定的に捉える」という意味があります。国立青少年教育振興機構によれば、〝自分の在り方を積極的に評価できる感情、自らの価値や存在意義を肯定できる感情〟などを意味する言葉です。自己肯定感とは、自尊感情（Ｓｅｌｆ Ｅｓｔｅｅｍ）、自己存在感、自己効力感などの言葉とほぼ同じ意味合いで使われているそうです。

自己肯定感は、物事に取り組む意欲（モチベーション）や幸福度にも大きな影響を与えます。自己肯定感が高ければ、人生におけるさまざまな出来事に対して積極的に取り組んでいくことができるし、幸福度も高まるそうです。一方、自己肯定感が低いと、意欲の低下だけでなく、自分で自分を苦しめるような考え方にとらわれてしまい、幸福度もなかなか高まらないそうです。

かつて日本の教育や子育てのスタイルは〝子どもを褒めない、尊重しない態度〟だったように感じています。子ども時代、否定されることが多く、褒めてもらったり認めてもらった記憶が少ない人は、多いのではないでしょうか。また、いつも親に決められ、自分で選択する機会が少なかった、両親が話をあまり聞いてくれなかったなどの話もよく伺います。

「自分で選択する機会が少なかった」と感じる場合に最適なのが、アロマアナリーゼです。なぜなら、精油の中から気になる精油を選ぶのはクライアント。〝自分で選択する〟ことこそがアロマアナリーゼの醍醐味です。そして、選んだ精油について語るのもクライアントにしかできないことです。自分で選ぶことによって、人生は切り開かれていきます。

「誰かのために役に立ちたい」という思いを抱いたセラピストはたくさんいます。私もそうでした。でも実はこれは、自己肯定感が低い状態である可能性が高い場合があります。かつて親や世間から、「人の役に立ちなさい」と言われて育った方が多いと思います。自分の意志ではなく、それらの刷り込みで役に立とうとしている場合、もしかしたらそれは、自己犠牲による承認欲求かもしれません。「自分を犠牲にして頑張る、だから、認めて欲しい！」。これでは、相手ももちろん自分も永遠に満足することはありません。そんなとても大切なことも、アロマアナリーゼのセッションを受けたり、セルフアロマアナリーゼを行う中で、実感として持てるようになってきました。

現在、アロマアナリーゼのインストラクターとしてグループワークを行うことがありますが、そのワークの中で、受講生同士が自分の意見を言い合うディベートを起こすことがあります。以前の私なら、調和を保とうと「まぁまぁ」となっていましたが、今は「その調子！」と大きく構えて見守ることができています。信頼関係があれば、自分の意見を言ったその先にある、さらに深い信頼関係に辿りつけると経験しているからです。

セラピストとして、「安心して感情を出してＯＫだよ」と、その場を包み込むホールド力も身に付いたなぁと思います。今後も、さまざまな精油とさらに分かち合っていきたいです。

高島元子（たかしまもとこ）さん「精油のプロフィール」――ミルラ

<メッセージ>

精油名	ミルラ Commiphora molmol
科	カンラン科　ベース
抽出部位	水蒸気蒸留　樹脂
	インド、ソマリア、エチオピア
主な成分	セスキテルペン炭化水素類＋（フラノオイデスマディエン、クルゼレン、リンデステレン） セスキテルペン炭化水素類－（β-エレメン、ゲルマクレン A） セスキテルペンアルコール類（α-カジノ―ル）
治療特性	抗炎症　創傷治癒　鎮静など 強壮作用、刺激作用 鎮静作用、抗炎症作用 ホルモン様作用、うっ血除去作用、強壮刺激作用、刺激作用
適用例	甲状腺機能の亢進・不調、痒み、強迫観念、女性の失恋の立ち直り、下痢、うつ・深い落ち込み、神経衰弱・極度のショック
禁忌事項	なし

<メッセージ>
ミイラを出土した時に発見されたので「ミルラ」。ミイラを固めるために使われたこともあり「決意を固める」などとも言われる。

メッセージは「迷える人の道しるべ」。既に道が見えているはずなのに、なぜかその道を進もうとせず迷っている人に、道を教えてくれています。道に行くまで何度もミルラが教えてくれます。

天と地の架け橋を築き、霊的な生命エネルギー中枢である頭頂部の第７チャクラと尾骨周辺の第１チャクラを強く結びつけます。

魂に寄り添う精油であり、グリーフケアに役立つ
オーバーワークしている人に眠る前の瞑想に、やがて人が見ている自分ではなく本当の自分が求めているものを知る

<学名の由来>
属名の語源　Commiphora←ギリシア語で kommi（樹脂、粘質ゴム）、ギリシア語 phoros もたらす、運ぶの合成語で樹脂を生じるの意
4000 年も使用してきました。
Myrrh は種小名 myrrba から古代エジプトでは死体の保存のために内臓を取り除いてミルラを詰め込み、乾燥させ、ミイラを作った。このことからミイラの語源ともいわれている。
アラビア語の murr、「苦み」を語源とするミルラの樹脂を中近東と地中海沿岸地方では
当時のエジプトでは黄金と同じくらい貴重でミルラを用いたミイラは特上とされている。

<採油部位から見る特徴>
樹脂は外敵から傷つけられたときに守る・補修するため
幹を傷つけたところから出てくるため、流す・流れる
樹脂は古代から香料や医薬品として使用されてきた
没薬樹は中近東や北インド、北アフリカに生息するとげのある低木

<作用から類推>
抗菌作用、癒傷作用、抗カタル作用があるため頻繁に使用されてきました。
瘢痕形成創傷治癒作用　幹を傷つけられその傷を修復する
性欲減退作用　ムスクに似た深い香り

抗炎症作用　口腔の除菌、呼吸器感染症
強壮作用　全身の機能を高め免疫力を高める
鎮静作用　神経衰弱、神経障害に良いとされている

ヒポクラテスが統合した「メガリオン」はミルラとシナモンとシナモンカシアを調合した香料。肉体と精神を同時に治療する万能薬。

パトリシアデービスによれば、精神面や霊的な面で行き詰っていると感じたり、人生で前進したいと願っている人が用いると特に効果がある。

アラブ人は、子宮の病気、不妊症に用いた。刺激作用や強壮作用が無月経の治療に役立つとも考えられた。ミルラは子宮のよどんだ血を流し去り、子宮がんにも有効であると言われた。

「転」と「地」を結びつけるため、第７チャクラと第１チャクラを結びつける。魂が見る夢を現実にする。

東洋では「すべてを治療する」と信じられていて、メソポタミア文明の頃、目、耳、鼻、肛門の病気治療に用いられた記録がある。

<エピソード>

○エジプトではミイラの製造に利用されました
喪が明けたところで身体を洗浄し、内臓を乗り出し、ミルラを含んだ薬で頭蓋骨を洗い、細かく砕いたミルラを身体に詰めた。
○乳香と同じように古い歴史を持っており、宗教儀式に持ち入れられていましたが、ミイラ作りにはミルラだけが使用されていました。
○キリスト生誕の際には東方の三賢人の贈り物として登場
○ミルラは歴史を通して、薬効が重んじられ、20 世紀にも軟膏や膏薬に用いられてきました。
○旧約聖書にも登場
○またエジプト人が用いた最も著名な合成香料「キフィ（聖なる煙）」をはじめエジプトで作られる多くの香膏にはミルラが配合されている。
○ミルラが初めて使われたのは古代の南アラブと考えられている。エイライトで見つかった書状片に薫香貿易の記述がある。
○ミルラは医薬的な役割が大きく「人を助ける救世主」または「医師」を連想される。
○没薬樹は砂漠で生き抜くことができるように極めて強靭になる必要があったので、没薬油も同様な丈夫さ、力強さがあります。
○目に見えない魂の領域に入り込み、心の奥深い次元に影響させるものとして香りを扱い、キフィを神官の霊感と五感の意識を高め「集会」を盛り上げるものとして使った。

○ギリシャ神話
アフロディーテに呪いをかけられたピグマリン王の孫娘ミュルラーは呪いのために実の父キニュラスと恋をし妊娠をしてしまいます。罪の重さにミュルラーは自ら「天界に入れないものとして、誰にも知られずこの世の果てで地のものとも天のものともならず生き続けたい」と祈りをささげ、ついに地に根を張る樹木となりました。それがミュルラーの樹、ミルラと呼ばれる樹です。この樹木を切って出てくる樹脂がミルラの原料で赤い樹脂は、「ミュルラーの涙」と呼ばれています。禁断の愛の果ての涙だった。

アロマアナリーゼ〝上達のコツ〟

アロマアナリーゼを学び、人生が変化をした3名の物語。いかがでしたでしょうか？

3人は、いまだに「精油のプロフィール」を更新し続けています。

アロマアナリーゼの上達のコツは、テクニックだけでなく、いかに「精油と仲良くなれるか」に尽きます。成分や薬理作用だけでなく、さまざまな角度から見て、精油のメッセージを見つけられるようになると、人間関係でも、自分や相手にさまざまな側面や背景があって、さまざまな考え方があると理解できるようになります。

多くのアロマアナリストが「アロマアナリーゼを行うと、自己肯定感が上がる」と話してくれていますが、自分を尊重できる、自分の生き方を肯定できるようになるということ、それはつまり、他人の生き方も尊重できるようになるということです。

「私がこれだけ自分を大切にしているように、あの人も自分を大切にしたいはずだ」と自然に思えるようになるからです。

たった一本の精油を知ることで、ここまで想像力を働かせることができるようになれば、きっとアロマアナリーゼは上達します。

感じる・つながる・想像する・創造する

では、アロマアナリーゼを学ぶ講座では、どのようにアロマアナリーゼを紹介しているのでしょうか？　ここで、実際に講座で使用している、アロマアナリーゼのテキストの一部をお見せします。

テキストには、このように書いています。

アロマアナリーゼとは？

藤原綾子が考案した精油を使った心理分析方法。アロマ（Ａｒｏｍａ）アナリーゼ（Ａｎａｌｙｚｅ）。精油の香りの印象を深く掘り下げることで、クライアントの深層心理を理解し、さらには本能的、本質的に要望する精神状態や環境を分析する方法。

具体的には、嗅覚より刺激されたイマジネーションを言語化、視覚化することで本人の深層心理を明確化し、精油の薬理作用、生理作用、心理作用等多角的に分析する。

アロマアナリストは、クライアントのイマジネーションと精油がどのような作用を起こすのかを「メッセージ」として伝える。それによって、クライアントが自分自身の可能性をポジティブに受け入れることで、今よりも明るい未来、希望を持って過ごすことが出来るようになることが目的。注意すべき点は、アロマアナリストに必要なことは、精油の基本的な知識と深い理解であって、特別な能力や不思議な霊性などではない。また、クライアント本人以上の力を生む特別なメソッドではないので、スピリチュアルに用いられるものではない。

アロマアナリーゼを必要とする人

○道に迷っている人
○自分自身を振り返りたい人
○今の生き方に違和感を持っている人
○自分に自信を持ちたいと思っている人
○何かを変えたいと思っている人
○変わりたいと思っている人

アロマアナリーゼに向かない人

○他人に依存する人
○人のせい、環境のせいと自分以外に原因を見つけようとする人

○特別な能力を身につけたいと思う人
○受容的でない人
○神秘体験を期待する人

アロマアナリストに必要なスキル

○他人へ関わることを喜びとして楽しめる
○精油の基礎知識
○精油への好奇心
○自分だけでなく他のアロマアナリストの成長を喜べる
○アロマアナリーゼを広げることを喜べる

ここで伝えたいことは、アロマアナリーゼは神秘体験が目的のセッションではなく、アロマアナリストは特別な能力や才能が必要なわけではないということです。これまでの精油の知識と他人への関心があれば良いのです。そして何より大事なことは、クライアントだけでなく、〝同僚であるセラピストの成長を喜べること〟と、しています。

それはどういうことでしょうか？

私には、アロマセラピーをもっと広めたいという目標があります。そのためには私だけでは足りなくて、全国のアロマセラピーを仕事にしている人に手伝ってもらいたい。そのツールの1つとして「アロマアナリーゼ」を使ってもらいたいと思っているのです。

ですから、アロマアナリーゼは、商標登録もとっていません。使いたい人が自由に使ってもらっていいのです。その代わり、「アロマセラピーの魅力もきちんと伝えてね」という気持ちはあります。ですから、自分がアロマアナリーゼを上手に活用するだけでなく、全国のアロマアナリストが成長する過程を応援して欲しいのです。同じ仕事をしているからライバルではなく、一番近い理解者であり、心強いパートナーであることを忘れないでください。

「アロマアナリーゼを本格的に学んでみたい」と感じた方のために、アロマアナリーゼを行うセラピスト＝アロマアナリストを養成する認定校を紹介しておきます。左に書かれている認定校でのみ、この養成講座を受けることができます。「アロマアナリスト養成講座」は全4日間、計12時間の講座です。講座中に何度もセルフアロマアナリーゼを受ける時間があるので、その度に自分自身がどこに向かいたいのか、何を課題にしているのかが見えてきます。講座中に格段にアロマセラピストとしての自信をつけることも実感できると思います。

アロマアナリスト養成講座認定校

＜北海道＞
●森 禄子「アロマテラピーサロンilo」
http://ilo.bz

＜関東＞
●高島元子「アロマハーブスクール＆サロンChezClara(シェクララ)」
http://www.chezclara11.com

●山野笑子「アロマテラピースクール&サロンirodori」
https://irodoriaroma.jimdo.com/

●齋藤美江「private salon & school nerolelia」
https://nerolelia.shopinfo.jp

＜中部＞
●井　玲子「アロマサロン＆スクールAroma Cute」
http://aromacute.com/free/school

※現在、私、藤原綾子はアロマアナリスト養成講座の講師は行っていません。代わりに、全国のインストラクターが教えています。その理由は、アロマアナリーゼは「多様性」を大事にするメソッドなので、私が教えると、私の教え方が「正解」のようになってしまうからです。できるだけ多種多様な教え方、学び方を養成講座受講者に体験していただきたいと考え、私はインストラクターコースのみを教えています。ただし、サロンではアロマアナリーゼのセッションを提供していますし、イベントなどでは、グループセッションも行っています。

何名かの養成講座受講生からの声を紹介します。

★トータルエステサロン　GARDEN 田辺加代子さん

アロマアナリーゼを受けて感じた変化は？

背中を押してくれるような精油、メッセージだったので、動き出すのに勇気が必要な時、本当にお守りという感じで使っていました。あるだけで安心というか…。

使っていくたびに、「頑張るためにもうひと押し下さい」って感じだったのが、だんだん「もう私、」できてるからいいじゃん」と気楽になっていけたというか。使わなくてもそのメッセージだけで大丈夫になっていきました。

養成講座を受けて変わったこと

「精油の勉強」が苦手だった私。いつも覚えては忘れてを繰り返していました。丸暗記ではない精油や、元々の植物のメッセージを自分で構築することが難しくもあり、やっぱり楽しかったです。ちゃんと精油と友達になれたような気がします。アナリストそれぞれに解釈もあり、「そんな解釈もありなんですね」と、人それぞれの違いを認められるようで嬉しくもありました。

★Ｇｒｅｅｎｔｈｕｍｂ Ｈ＋：グリーンサムエイチプラス 廣瀬恵美さん

アロマアナリーゼを受けて感じた変化は？

イメージの中で、扉がいくつも並んでいる風景が出てきました。その時は扉を開けることができませんでしたが不思議なことに、数ヶ月が過ぎて、今の私はあの時の扉を開けているなと感じています。日常の中で、まるでイメージの続きを生きているように進化していること、これが一番の変化だと思います。

養成講座を受けて変わったこと

昨年アロマアナリーゼと出合って衝撃を受け、すぐにアナリストになることを決めました。アナリーゼする側とされる側、どちらも気持ち良いですが、私は欲張りにも両方を味わうことを選びました。そして、そのおかげでアロマセラピストとして身近にあったはずの精油と出合い直しをすることができました。精油の表の顔だけではなく、その下にあるもっと深い部分とお付き合いできるようになって良かったと感じています。

★アロマスクール＆サロン Ｒóｚｓａｆａ〜ロージャファ〜　武藤久美さん

アロマアナリーゼを受けて感じた変化は？

否定的な考え方・捉え方をすることが減って、肯定的に捉えられるようになった。

養成講座を受けて変わったこと

精油について色々な角度から考えるようになり、アロマテラピーの幅が広がりました。

アロマアナリーゼを受けられるサロン

学ぶより前に、まずは実際に「アロマアナリーゼを体験してみたい」という方のために、全国でアロマアナリーゼのセッションを実施しているサロン一覧をご紹介します。

アロマアナリーゼには、個人セッションとグループセッションがあります。個人セッションは、自分の悩みや課題としっかり向き合いたい時にオススメです。グループセッションは、他の人たちが語る精油の印象が自分と随分違うことに驚いたり、一緒だと思えることに共感したりします。それだけ感性は多様であり、人はそれぞれ自分は自分で良いと思えます。

いつ開催されているかなどは、直接各セラピストに問い合わせてみてください。

アロマアナリストによって、多少のプロセスの違いはありますが、大筋のセッションの進行方法は本書で説明した通りです。また、オンラインでのセッションを受けられるアロマアナリストもいますので、海外や遠方にお住まいの方も受けることが可能です。

全国 アロマアナリーゼ提供サロン＆スクール

＜北海道＞

●森 禄子「アロマテラピーサロンilo」　http://ilo.bz

●貞尾美香「アスリートアロマケアサロン美花草〜MIKASOU~」

https://mikasou-aroma.amebaownd.com

＜関東＞

●藤原綾子「Vert Mer」　http://sorcier-aroma.com

●高島元子「アロマハーブスクール＆サロンChezClara(シェクララ)」

http://www.chezclara11.com

●佐々木由紀子　La neiga

●山野笑子「アロマテラピースクール&サロンirodori」

https://irodoriaroma.jimdo.com/

●杉本かおる「香りと色彩のアトリエ紗泡sapo」

http://saposoap423.blog62.fc2.com/

●渡辺真由美「おうちサロン 陽だまり」　http://ameblo.jp/mayutan327233/

●武藤久美「アロマスクール＆サロンRózsafa〜ロージャファー〜」

http://rozsafa-aroma.com

●廣瀬恵美「greenthumb H+(グリーンサムエイチプラス)」

http://www.greenthumbhp.com

●齋藤 美江「private salon & school nerolelia」　https://nerolelia.shopinfo.jp

●大野亜希「ロサナエマ」　http://rosanahema.com

●澁澤江里子「たいふうのめ」　https://ecosan2261.amebaownd.com

＜近畿＞

●ひびのゆかり「アロマナースの日々 香り屋」　http://hibi- aroma.com

＜中部＞

●山田啓子「Aromasalon&school 彩心香]　https://ameblo.jp/saisinka/

●小野木美佳「レスプリハーブ」　https://lesprit-herbe.com/

●松浦真由美「Linoscroll」　http://ameblo.jp/aromearglie

●森本妃佐子「Olive Party（オリーブパーティ）」　https://olive-party.jimdo.com/

●中本直美「natural therapy salon りんごの木」　https://www.ringonoki65.com

●田辺加代子「オーガニック＊ホロソフィーエステサロンGARDEN」

http://garden-morioka.shopinfo.jp

●井 玲子「アロマサロン＆スクールAroma Cute」

https://aromacute.com

「自分で決める」ことの難しさ

この章の初めに、「アロマアナリーゼには決まりはないし、自由です」と書きました。最初にアロマアナリーゼを教えた受講者たちにも同じことを伝えました。ですが、ルールもなく自由にやっていいと伝えれば伝えるほど、「難しい」と言われました。

私たちは大人になるにつれ、さまざまな情報や常識を身につけ、〝自分で決める〟ことを怖がるようになります。決めたことの合理的な根拠を探し、他人から「間違っていない」「正しい」と言ってもらえないと心配になるのです。そして〝無難〟を選びがちになります。好きな香りを選ぶことすら、「これで正しいのか？」と不安になることがあります。

アロマアナリーゼは、精油を自分で選び、決めることから始まります。「好きか嫌い」か、「気になるか気にならないか」、という自分の意思と感情だけで決めます。これまで自分で決めてきたつもりでいても、この作業を繰り返すうちに、実は他人に与えられた価値観や常識の中で選び、決断することが多かったということに気づかされます。

そして、選んだ精油のイメージを何の合理的な根拠もなく、取り止めもなく広げていく。問われるまま答えるうちに出てくる、自分の言葉。思いもよらない言葉が出てきたりします。初めは戸惑いますが、次第にそのイメージの世界を楽しみ、その言葉に心踊る自分に気付かされます。

思わず出た本音、本心、深層心理、潜在意識は言葉となって、自分自身の心を動かし始めます。出た本心をどうするか？　止めるか、進めるか？　それは自分次第です。

「自分で決めて良い」

その代わり、その責任を取るのも自分です。しかし、自分の心が喜ぶ方に動くことに対して責任を取るのは決して苦しいことではなく、むしろ自分の未来にワクワクしてくる、そんな感覚になるはずです。

自分で決めること、自由に選ぶことを怖がっていた自分に気づき、「その感情を解放してみたい」と思えたらアロマアナリーゼは成功です。そして「自分の未来は自分で決めて良い。常に明るい未来を選ぶことができる」と思えたら、アロマアナリーゼの目的は達成です。

ですからこの目的になるのであれば、ルールも正解もありません。自由に行ってください。「自分で決める」ことに責任を持つ楽しさを見つけてください。

アロマアナリーゼで奇跡が起きた！
全国のクライアントの声

全国から寄せられた、
クライアントの感想の一部を紹介します。

★自分の潜在意識が何だったのかよく分かりました。とても楽しく、心に響きました。（須藤としみさま）

★心に寄り添うブレンド、精油のメッセージを伺いながら、「もっと自分に自信を持って行動しても良いんだ！」と確信を持つことができました。香水を毎日使って、精油のパワーを最大限に利用して生きたいと思います。（M.T さま）

★アロマの香りから性別や仕事などを聞き出し、それがメッセージになる。今まで体験したことのないセッションでした。自分が何を思っていたのかが分かりました。（S.S さま）

★「自分の時間を取り戻す、頑張らない、のんびりする」というメッセージが出て、涙が出そうになりました。ねぎらいの言葉をかけられたようで、ほっとしました。（M.E さま）

★一番自分が気にしていることがそのまま出てしまい…逆に決断を迫られて、増々悩んでしまった。心が丸写しで、びっくりでした。（T.K さま）

★現在の自分に必要なメッセージを届けてもらえたことが面白かったです。自分でも感じていたことが、ズバリ出てびっくりでした。(S.J さま)

★精油のメッセージで勇気づけられました。自分の求めていることを精油のメッセージによりあてられているので精油は奥深いです。(M.K さま)

★数回参加させていただきましたが、その度に気になる香りを選んでいるだけですが、今の自分に深く関わること、やっぱりと思うことが出てきて興味深いです。(A.A さま)

★精油から「色？性別？」と思ったのですが、答えている自分に驚きました。選んだ精油で、「今のままの自分で大丈夫だ」と分かって、少し自信が持てました。また受けたいです。(N.R さま)

★香りを嗅いで試している時間から心が緩み、自分の頭で考えたら出ないようなイメージが溢れるのがとてもすごいと思いました。精油のメッセージとイメージから、自分にとってどういうバックアップをしてくれる精油なのかが分かり、選んだ精油がもっと好きになりました。
ブレンドの組み合わせ抜きに、好きな精油だけを選んだのにすごく心地よくまとまった香りになって、「スキ」に忠実にやるって良いなと思いました。(青野由布子さま)

★アナリーゼは質問を展開していくことによって、自分のイメージを広げていく方法が興味深いです。(こまさき澄香さま)

★毎回違う精油、同じ精油を選んでも、広がるイメージが違って、自分の気づいていないメッセージを受け取れることがすごい！
アロマアナリーゼは、良い香りに包まれながら、前に進む一歩の背中を押してくれるから大好きです。（S.M さま）

★深かったです。ここまで心に踏み込まれるとは思っていませんでした。新年早々、開けた気分になりました。うーん、さわやか！（上坂和世さま）

★精油の深い知識を聞けたことや、ひとつひとつに色のイメージがあり、その時、思い浮かぶ情景が違うことがとても面白かったです。それぞれにメッセージがあるのを知り、勉強になりました。（I.Y さま）

★ひとつの香りからどんどんイメージが連想されているところ、自分が少し分解されていくようなところが面白かったです。出来た香りは「？」な感じでした。（M.Y さま）

★今回で３回目ですが、前々回が「情報過多」、前回は「アイデンティティの確立」と言われ、今回は「道に光が当たっている」と出ました。半年おきに参加することで、自分の変化が目の当たりになることが嬉しいです。また参加します。（矢野祐美子さま）

★精油にメッセージがあること、香りを使い、自分の中からメッセージを引き出していることが面白かった。（上原由美子さま）

★精油のメッセージが常にドンピシャですっごく当たる占いに来たみたいでした。自分の中に力があることを感じることができ、とても楽しかったのです。（H.Y さま）

★同じ香りを選んでも、伝えられるメッセージが異なること。自分が良い香りと思っても、他の人は選ばないこと。香りに対するイメージも人それぞれで面白かった。香りは無意識に働きかけると思うので、香水が後押ししてくれるのが楽しみです。(K.N さま)

★今、まさにつらいことがあった直後だったので、それを言い当てられて驚きました。誰に言われたわけではなく、「こうしよう」と思っていたことを言い当てられ、「これでいいんだ」と思えたことが癒しになりました。自信を持って進んでいきます。未来に明るい希望が見えました。(お金のことも!)
(S.J さま)

★半年前にセッションを受けた時、「自然の中で仕事がしたい」という内容を言葉にしていました。気づいたら、今、まさに叶っています。ただ、そこに辿りつくまでのプロセスには色々と決断しなければならないことが多く大変でした。試練の度に、「今、願いを叶えないでどうする!」と日々の選択を意識的に行いました。始めて、人生は自分で作るという実感が持てました。
そして先日、再びセッションを受けてみると、また違う景気が見え、まったく違う精油を選んでいました。次は何が起こるのか…楽しみです。

(H・A さま)

★思わず涙が出ました。「私、今まで無理してたんだな…。でも、私は私を見捨てていなかった!」ということが分かり、生きる希望が湧きました。これからは、誰かのためではなく、自分自身のために生きると決意しました。
(K・H さま)

あとがき

香りの心理分析＝アロマアナリーゼは、誰でも、どこでも実践可能なセッションです。特別な才能やキャリアは必要ありません。もちろん、自分が納得するようなセッションを提供するためには、何度も繰り返し練習や実践を行うことが必要になります。

アロマアナリーゼのセッションでは、「精油のメッセージ」がとても大切な意味を持ちます。メッセージは自分で作成した「精油のプロフィール」の中からみつけていくのですが、この〝自分でみつける〟という作業が、「難しくもありとても楽しい」とアロマアナリーゼを学ぶセラピストからよくいわれる言葉です。

プロフィールを作る時は、精油の成分、薬理作用、学名、歴史、五行、対応チャクラ、香りに抱く印象やクライアントの感想…どのような内容をピックアップしても間違いはありません。参考書籍は精油関連だけではなく、ギリシャ神話、古事記、医学論文、健康ニュース、童話や寓話から見付け出してもOKです。その幅の広げ方は〝自由〟です。

そして、「精油のメッセージ」自体も、あなたが「これだ！」と思うものをみつけ、自由に決めるものです。正解はありません。例えそれが、他のセラピストと違った内容だとしても良いのです。

アロマアナリーゼはとても〝自由〟です。
ただし、自由には必ず〝責任〟が伴います。
精油を自由に語るということは、〝精油に責任〟を持つからできることなのです。

〝精油に責任を持つ〟とは、精油の人体への作用を最低限理解していることです。身体、心への作用、禁忌事項、注意事項への理解…。それも、自分の言葉で語れることが必要になります。たとえば、「なぜホルモン様作用のある精油を、子宮筋腫のクライアントにすすめてはいけないのか？」「なぜ、精油を飲用してはいけないのか？」「なぜ、合成ではなく天然の精油を使わなければならないのか？」ということを、「ルールだから」ということではなく、自分の言葉で語れるかどうかが重要です。

私は、精油を扱うということは、成分や作用の丸暗記ではなく、その先にいる人間と向き合うこと、さらには植物や自然と向き合うことだと思っています。そこに自分自身の「目」と「哲学」があるかどうかということを一度考えてみてください。

私は、アロマスクールの講座やアロマアナリーゼを教える際に、よく「哲学」という言葉を使っています。哲学という言葉には、さまざまな意味がありますが、私が使っている意味は「それをするための根源的思考」です。分かりやすくいえば、〝揺るがない軸〟です。

私の哲学は「信じることができるか」です。まず、自分自身が提供するものを信頼できるのか。そして、それを信じる私がクライアントから信頼されるのか？　精油を選ぶ時、何かを決断する時。その答えに一点の曇りもない、そしてその答えに「責任を持てる」と言えるまで自分を信じられるかどうか、ということを大事にしています。

そしてその哲学は、精油の基礎知識があるからこそ成り立ちます。精油の基礎知識もなく、精油のメッセージだけを追っても、「なぜそうなるのか？」ということを自分の言葉で説明することができません。

精油の基礎知識をおろそかにしないでください。

そしてアロマセラピーにおける自分なりの「哲学」を身につけてください。

ただ、私はこうも思っています。

「哲学なんてない…」と思ったとしても、やはり精油のプロフィール作りとアロマアナリーゼを実践してみて欲しいのです。精油と本気で向き合うことで、きっと自分なりのアロマセラピーの哲学が生まれるはずです。そして、「だから、私はアロマセラピーを選んだんだ！」と自信と確信が持てる日がやって来ます。私が、そうであったように。

東京・世田谷の片隅で、たった一人で始めた香りの心理分析法が、ここまで広がり、たくさんの人に喜ばれるようになったことは、私だけではできなかったことです。全国３０００名以上のアロマアナリーゼのセッションを受けてくださった皆さんがいたから、この手法を体系化することができました。そして、皆さんの嬉しい感想と変化があったから、ここまで広がったと思っています。いつもありがとうございます。

「香りの心理分析＝アロマアナリーゼ」という名前をつけるきっかけを作ってくれた友人、岩井洋美さん、小林みどりさん。アロマアナリーゼはこんなに大きくなりました！　お二人のアドバイスのおかげです。

そして、最初のアロマアナリーゼのインストラクターになってくれ、今もアロマアナリーゼのクオリティを上げ続けてくれている、アロマアナリーゼインストラクターの森緑子さん、山野笑子さん、高島元子さん。三人がいなければ、この本を書こうとは思いませんでした。本書の中でも原稿を寄稿してくれ、原稿にアドバイスをくれたりと、多大なるご協力をいただきありがとうございました。

また、アロマアナリーゼの養成講座受講後、「空前の大ヒットです！」と報告してくれた井玲子さんの一言が、アロマアナリーゼを広げることへの自信となりました。書籍化が決まった時に喜んでくれた魔女ラボ会員の皆さん、本当にありがとうございます。

そして、「アロマアナリーゼを早く紹介したいです！」と、いつもアロマアナリーゼの魅力を再認識させてくれ、とてもお世話になったBABジャパンの編集担当、林亜沙美さん。このような機会を与えてくださり、心より感謝申し上げます。

そして、最後になりましたが、この本を手に取ってくださった〝あなた〟。

〝あなた〟に心から感謝を伝えたいです。いつかお会いできる日を楽しみにしています。

そして「アロマアナリーゼと出合って良かった」と言ってもらえることを、楽しみにしています。

２０１８年　藤原綾子

〈参考図書〉
『人と自然をとらえなおす「植物はヒトを操る」』（いとうせいこう / 竹下大学 毎日新聞社）
『調香師が語る「香料植物図鑑」』（フレディ・ゴズラン グザビエ・フェルナンデス 訳前田久仁子 / 原書房）
『ハーブ学名語源事典』（大槻真一郎 尾崎由紀子 / 東京堂出版）
『心を癒すアロマテラピー香りの神秘とサイコアロマテラピー』（ジュリア・ローレス 訳林サオダ / フレグランスジャーナル社）
『＜香り＞はなぜ脳に効くのかアロマセラピーと先端医療』（塩田清二 /NHK 出版新書）
『アロマテラピーの科学』（鳥居鎮夫 / 朝倉書店）
『フランスアロマテラピ―大全』（ロジェ・ジャロア ダニエル・ペノエル ピエール・フランコム 訳高山林太郎 / フレグランスジャーナル社）
『アロマテラピー＜芳香療法＞の理論と実際』（ロバート・ティスランド 訳高山林太郎 / フレグランスジャーナル社）
『「アート」と「サイエンス」の両面から深く学び理解する香りの「精油事典」』（太田奈月 / 監修ロジャー・ルッツ 小平悦 /BAB ジャパン）
『パトリシア・デービスのアロマテラピ―占星術』（パトリシア・デーヴィス 監修翻訳バーグ文子 森田典子 / 東京堂出版）
『スピリットとアロマテラピー』（ガブリエル・モージェイ 訳前田久仁子 / フレグランスジャーナル社 ）
『NARD ケモタイプ精油事典』（ナード・ジャパン）

藤原綾子 Ayako Fujiwara

早稲田大学人間科学部 人間健康科学科 行動療法専攻卒業。株式会社ソルシェール 代表取締役。サロン「Vert Mer」主宰。魔女ラボ研究所所長。精油を用いて深層心理、潜在意識を導き出す独自メソッド「アロマアナリーゼ」考案。今までに全国で延べ 3,000 人以上が受講。理系アロマセラピストとして、雑誌連載も行う。集客やプロモーション法にも定評があり、全国のセラピストから慕われている。
★株式会社ソルシェール（サロン Vetr Mer）
http://sorcier-aroma.com

魔女ラボ

藤原綾子所長を始めとする、アロマセラピスト、インストラクター、アロマテラピーをこよなく愛する魔女たちのコミュニティ。魔女ラボが目指す「魔女」とは、人の幸せを本気で考えられる人のこと。現在、会員募集中!
★魔女ラボ　http://vertmer.sakura.ne.jp/witch.html
★魔女ラボブログ　https://ameblo.jp/majyolabofesta

今日からあなたも精油の翻訳家
香りの心理分析 ～アロマアナリーゼ～

2018年8月8日　初版第１刷発行
2018年11月8日　初版第2刷発行

著　者　藤原綾子
発行者　東口 敏郎
発行所　株式会社BABジャパン
〒151-0073
東京都渋谷区笹塚1-30-11 4F・5F
TEL 03-3469-0135
FAX 03-3469-0162
URL http://www.bab.co.jp/
E-mail shop@bab.co.jp
印刷・製本　中央精版印刷株式会社

ISBN978-4-8142-0149-5 C2077

Illustration／Suetsumu Sato
Cover Design／Yasushi Umemura
DTP Design／Shimako Ishikawa